30天穿越不列颠

王瑾 著

東方出版中心

图书在版编目（CIP）数据

30 天穿越不列颠 / 王瑾著. — 上海 : 东方出版中心, 2011.8

ISBN 978-7-5473-0415-0

Ⅰ. ①3… Ⅱ. ①王… Ⅲ. ①旅游指南—英国 Ⅳ. ① K956.19

中国版本图书馆 CIP 数据核字 (2011) 第 168271 号

30 天穿越不列颠

出版发行：东方出版中心
地　　址：上海市仙霞路 345 号
电　　话：021-62417400
邮政编码：200336
经　　销：全国新华书店
印　　刷：上海雅昌彩色印刷有限公司
开　　本：889×1194 毫米 1/32
字　　数：180 千
印　　张：19
印　　数：0,001—3,200
版　　次：2011 年 8 月第 1 版第 1 次印刷
ISBN　978-7-5473-0415-0
定　　价：**68.00** 元

和孩子一起上路看风景

三年前，因为《30天纵横美利坚》一书，我与王瑾相识。先是因为书的缘故：她是作者，我是编辑。但一路探讨图书框架，一路沟通文字编排，一路交流心得体会，一路谈笑旅途趣闻，我们的友谊超越了简单的工作关系，与进行美术设计的晓倩一起，成了时不时要相互问候的朋友。她的第一本书出来，大家一起庆贺：当时，专攻于财务领域，经常与数字打交道的她，文字并非强项，但多次的精心修改，点滴细微的改进，加上她拍摄的大量精美图片，细心收集的许多实地信息，让这本书在读者中还很受好评，成为不少人或事前功课或随身携带着去美国的读物之一。其中尤其打动人、让读者印象深刻的，是这场旅行并不是一个人的旅行，而是一位母亲和儿子的“亲子双人游”，也是一场用心良苦的、深度体验的“亲子自由行”。

这几年来，王瑾的亲子游一直延续着，美国之前，已到访过十几个国家，美国之后，趁着暑期，她又带着儿子小汤上路，去了英国。每一次时间都长达一个月，所有行程都是她和小汤事先查阅资料后计划好；到达目的地后，也都是两个人先奔向当地的旅游中心找最新的资料，然后手拿地图，根据预先的安排乘车、住酒店、游玩。有时候意见会不一致，但见是母亲特别喜欢的，儿子就说“好吧，我陪你”；或者是母亲体量儿子的“偷懒”之心，说“你欠我一次陪伴哦”，小小的分歧中多了几分母子斗嘴的乐趣。还有的时候是途中临时穿插进新的景点，带来一次意外的母子探险，虽然全无准备，但两个人都能毫无畏惧地上路——有彼此的相互陪伴，就是动力。当然，更多的时候是两个人沉浸在或人文或自然的英国风光中，遐思无限。

我们已经有很多精美的旅游书了，有专门描绘一路上的旅馆的，有无所不包的指南的，有详尽提供美食地图的，还有细说景点背后的人文意蕴与故事的。但带着孩子去旅行，记录一路上点点滴滴的，还真的很少。也因此，我很珍惜王瑾用笔和照相机描绘的一切。他们在英国的旅行跨度不小，从英格兰到苏格兰的穿越，提供了我们大量的观光信息，如果你只在英国呆几天，从中挑选几个景点不会有错；他们在英国的涉及面也不窄，食住行玩都是亲身体会，如果你有自由行的决心，书中的第六感部分和建议路线是好的参考。当然，在这一次的英国母子行记录中，精美的图片还是亮点——它们最直观地告诉你，来英国吧，你会舍不得离开；除了必去的牛津和剑桥，英国还有许许多多值得细细品味的人文景点和自然风光。

每个人的出发都是一场梦想的开始。王瑾带着孩子上路了，她用文字和图像告诉我们：不要再犹豫了，在你和孩子一起成长的岁月里，出发吧！

刘琼

2011 年夏夜

目录

手绘30天穿越不列颠线路图

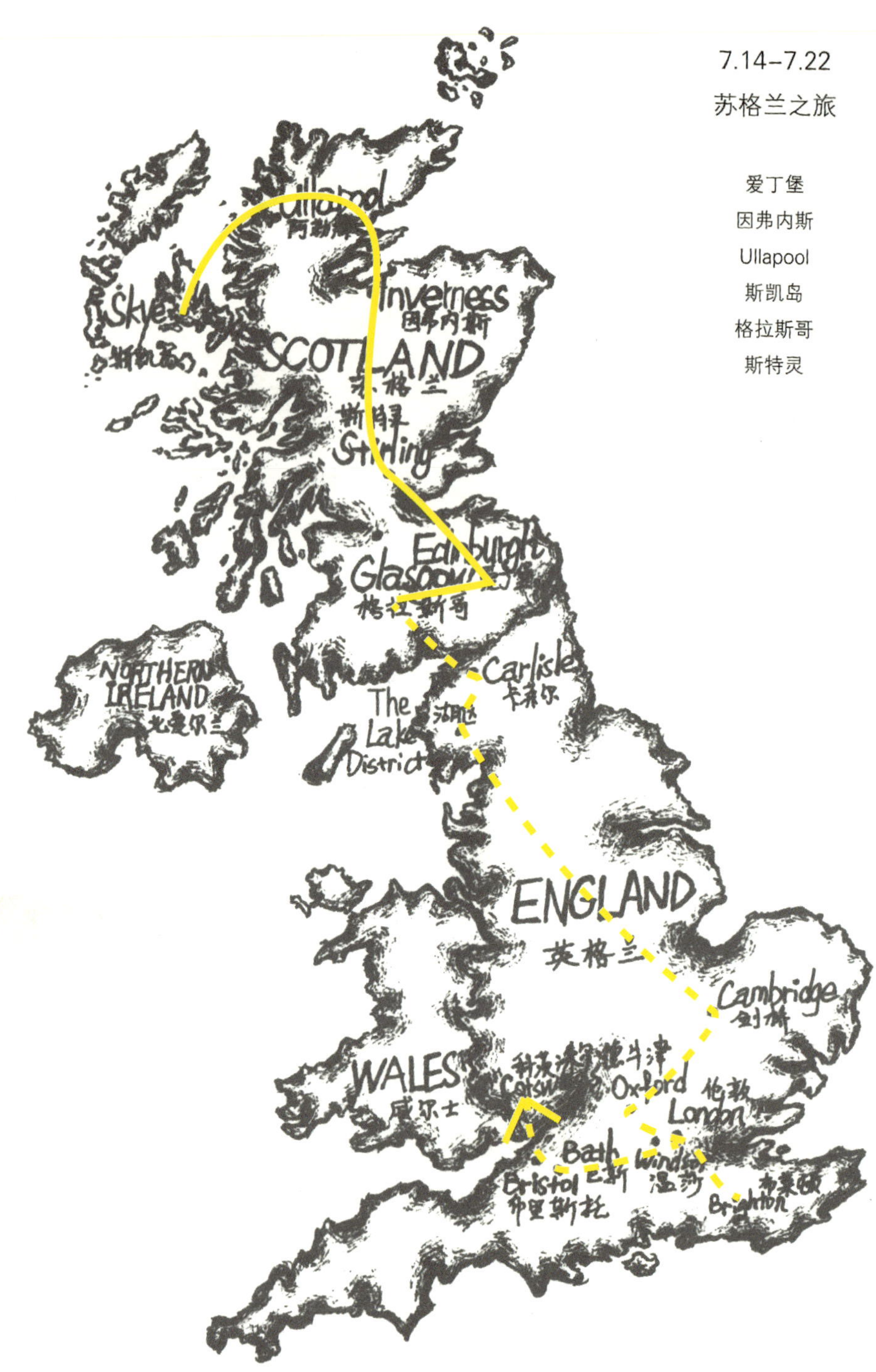

苏格兰之旅

Edinb

rgh 爱丁堡

走过…

7月14日

傍晚时分从上海飞抵伦敦，直接转机至爱丁堡（Edinburgh）

7月15日

爱丁堡城堡（Edingburgh Castle）

格子呢工厂（Geoffrey Kilt Maker）

皇家威士忌中心（Royal Mile Whiskies）

高地监狱教堂（Highland Tolbooth Kirk）

格雷史东之屋（Gladstone' s Land）

国会广场（Parliament Square）

圣吉尔斯大教堂（St Giles Cathedral）

荷里路德修道院（HolyRood Abbery）

荷里路德宫（Palace of HolyRood）

女王美术馆（Queen' s Gallery）

斯科特纪念碑（Scott Monument）

Greyfriars 教会和墓地（Greyfriars Kirk）

玛丽国王地道（Mary King' s Close）

大象屋（the Elephant House）

7月16日

离开后乘火车去因弗内斯（Inverness）

城市

苏格兰首府爱丁堡

玄武岩筑成的天然要塞

前寒武纪时，爱丁堡地区火山喷发，形成大量黝黑的火山岩。在公元 4 世纪时，死火山表面的尘埃，随着时间的推移被扫荡一空，裸露出了坚不可摧的玄武岩石。它们自然地成为海边的一道天然屏障，被英勇善战的勇士们相中后，又建成易守难攻的城堡，慢慢地演变为军事要塞。公元 6 世纪时，曾有一首古诗，歌颂勇士们在此地“爱丁的大厅”中，欢宴庆祝胜利的场景。勇士们借助城堡，集天时、地利、人和为一体，在战场上往往屡战屡胜。据悉“亚瑟王传”的作者也可能借鉴了这些神奇的故事，借以描述伟大的亚瑟王和圆桌骑士团的传说。

这座城池依山伴水、地貌多姿，素有“北方雅典”之称。在 6 世纪中叶，不列颠人的国王克利农 · 爱丁，首先用苏格兰盖尔语命名其为爱丁堡（Dùn ideann），意思是爱丁的要塞。7 世纪时，英格兰人征服了这一地区，并用他们的国王爱德温的英语名字 Edinburgh 称呼这座城市，意为爱德温的城堡。11 世纪，随着格拉斯市场在城堡脚下的蓬勃兴起，爱丁堡开始成长起来。1124 年，国王大卫一世在城堡中建立了宫殿，并着手修建荷里路德修道院，1436 年以后，爱丁堡成为苏格兰的首府。

斜坡上名副其实的高街

老城和新城双双被联合国教科文组织列入了世界文化遗产

在城堡下发展起来的老城，由无规可循的小巷、不经规划的老房子和神秘的地下旧居组成。18 世纪，在老城不堪负荷而爆发瘟疫后，管理者设计并建立了一座新城，街道整齐划一，民居配备卫生设施，公园和其他公共设施也合理地分布其间。

老城的主干道名为“高街”，西段起自爱丁堡，东端至圣路德奥古斯丁教堂，后又被称为“皇家英里街”。大约在 1450 年开始修建的城墙仅仅环绕着这一区域及格拉斯市场，虽然达到了防御目的，但局限了居民的活动范围。随着人口密度的增大，在局促的居民点内，居民们不得不

向地下发展，建起了多达 12 层的地下建筑世界，屋外的街道也越抬越高，成为名副其实的“高街”。

如今部分地下世界经修整后向游人开放，还原了几个世纪前爱丁堡人的生活状况。多条由几十级台阶构成的小巷，引着游客从分隔旧城和新城的王子大街抵达“高街”，探究用黑灰色沙石修建成的古老房舍、宫殿、教堂及背后鲜为人知的故事。

设施简陋的老城终究承受不了超负荷增长的人口，瘟疫肆虐、火灾频仍，上层社会就有了

老宅背后有鲜为人知的故事

开发更适宜居住、有利于人身心健康的区域的构想，1707 年颁布的《联合法案》使其愿望得以实现。城堡下面的 Nor 湖被排干了水，成片的沼泽地上建起了王子公园，紧挨着的是宽阔的王子大街。王子公园和王子大街自然地将扩容后的爱丁堡分割成老城及新城，它们的北面是小巷纵横交错的老城，南面是整齐分布错落有致的乔治风格的新城。

新城迅速发展，兴建了大量广场、公园、马戏城、剧院等，部分新古典主义建筑是由罗伯特·亚当设计的。他是苏格兰建筑师威廉的儿子，在游历欧洲，研究建筑理论和罗马废墟后，形成了将古典的建筑形式赋以时兴的轻巧和自由度的风格。他的优秀作品有爱丁堡大学、伦敦的艾德尔菲发展计划等。

工业与旅游业共绘经济蓝图

爱丁堡北部临海，华丽的利斯港现在仍然是英国最繁忙的港口之一。海滨周围漂亮的老建筑底楼吸引了全市最好的酒吧、餐馆落户，更是游客吃海蟹、赏落日的首选浪漫之地。1583 年建立的爱丁堡大学、博物馆、宫殿、国家图书

被王子公园隔开的老城和新城

馆等，也是游客们心仪的文化旅游好去处。独特的地理、历史和文化地位，让爱丁堡成为英国仅次于伦敦的热门旅游城市。爱丁堡的造纸和印刷出版同样历史悠久，造船、化工、电子、核能、油田开发等工业是该地的经济支柱，繁忙的空中及海港运输则担负起苏格兰地区运输枢纽的重任。

游历 7.14

从海拔几乎为零的上海空降到高海拔的苏格兰首府

从上海出发，经伦敦转机，15 小时的飞行将我们送到了苏格兰首府——爱丁堡。出了机场，将近 9 点，因为高海拔的缘故，落日刚刚拉开序幕。出租车载着我们向市中心的王子大街驶去，热心的司机大叔在闲聊中得知小汤是第一次光临爱丁堡，特意指点他探头寻找城市制高点——251 米高的死火山口“亚瑟王的宝座”，眺望暮色中的爱丁堡。司机介绍说，待天色再晚些，多姿多彩的冷光灯将对城堡施“魔法”，它会变得百般妖娆，让人不敢相认。幸运的话，我们透过酒店房间的窗户就可与城堡遥遥相望。

半个小时后，酒店到了，它就在王子大街的拐角上，正对着斯科特纪念碑，像一般欧洲酒店那样精致小巧。因为没有国内司空见惯的挑高、宽敞、派头十足的大堂，似乎很容易让客人错过它，就像不经意间与一家飘出外婆红烧肉香味的小餐厅擦肩而过。

落日刚拉开序幕

火车站背后的老城

办好手续进入房间，小汤直奔窗边，可是，窗外却不见城堡的踪迹。原来我们的房间不是对着老城的风景房，而与一条安静的小巷相邻。望着一脸失望的小汤，我倒是为既避开了繁华大街的噪音，又少破费了英镑而暗自高兴。

安顿好后信步走出酒店，灯光下的爱丁堡犹如水晶宫，在蔚蓝色的天空映衬下，向我们亮出了这座城市最靓的名片。但王子

大街上的大小商店全部熄灯打烊了，这儿晚上只有餐馆、酒吧、俱乐部高朋满座。国内购物至10点的消费文化还没有传到欧洲大陆，卡拉OK、麻将馆、洗浴按摩中心更不见踪迹。我们在附近的中餐馆用了简单的一荤、一素、一汤，结账时，账单显示的金额还是令我们咋舌，因为当时英镑与人民币之间的汇率达到历史顶峰：1英镑相当于15元人民币。小汤在一边自嘲：还是难得糊涂吧，就将1英镑当作1元人民币，这账单再正常不过了。看来我们的身体需要倒时差，思想也需要快速驶入英国轨道。

7.15

凉爽的夏日广场上有人喂鸽子也有人在躲鸽子

7月的上海正处在火炉里，可这儿早晚还要穿上薄薄的夹克。在附近找到了GREGGS点心店吃早饭，因为快、方便、好吃、有特色，使得小汤对他们的牛肉派难以割舍。以至于我们在苏格兰的日子里,就都在GREGGS店里解决早饭，用小汤的话来说是“吃一次少一次喽”！

买好派和咖啡后，我们坐在广场上慢慢享用，欣赏四周风格迥异的建筑，观察形形色色的路人，唤醒沉睡了一宿的身体和思绪。我留出一些派的边角料，给等在一旁用早餐的鸽子们，小汤却心神不定地坐在另一边，小心翼翼地用早餐，因为他要时刻提防在空中盘旋的鸽子一个俯冲下来觅食他掉在地上的碎屑。天不怕、地不怕的他，打小就不能忍受鸽子或鸡之类会飞的活物近身，真是应了“一物降一物”的老话。

夏季是观众蜂拥至“庆典之都”的黄金季节

享用完早餐，我们穿过王子公园 和王子大街，沿着布满青苔的台阶登上皇家英里街，一路向上，抵达爱丁堡。城堡下的广场上，工作人员在布置会场，为晚间的露天音乐会做准备。来得早不如来得巧，我们正好赶上了艺术节中的流行音乐会。两人一商量，决定晚上来体验一把，可是到售票处一问，票在几个月前就卖光了。

为期三周的爱丁堡国际艺术节，是当今规模最大、最重要的艺术节之一，每年夏天都有许多忠实的粉丝从世界各地专程来“赶节”，也有许多爱好音乐的游客，早早地将音乐会安排在行程中，有备而来。每年的节目单在 3 月份就对外公布，有意者可以在爱丁堡国际音乐节的官方网站上查询，并提早订票。

几乎同一时期，这里还举办爱丁堡边缘艺术节，游客们可以欣赏到“准明星”们更有趣、更前卫的表演。边缘艺术节不仅平均票价较前者便宜，有时买一送一的

王子大街

王子公园

优惠活动还会引起抢购风暴。精力充沛的人有机会轮番观看 100 场免费演出。被游客评为最受欢迎的爱丁堡军乐队分列式，届时也将在爱丁堡广场举行，更不容错过。另外还有爱丁堡爵士和蓝调音乐节、爱丁堡国际电影节、爱丁堡图书节……精彩活动几乎贯穿整个夏季。

高踞于整个城市之上的爱丁堡

爱丁堡城堡的古往今昔

虽然刚 10 点，爱丁堡城堡售票处外已经“盘踞”起了一条长龙，我和小汤也在其中。排在队伍里仰望城堡，三面如冰河般光滑的玄武岩墙虽经沧海，却几乎没有留下沧桑。它如塔楼般高高踞于整个城市之上，难以攻陷的地理位置使它一直倍受军事家”青睐“，并成为苏格兰与宿敌英格兰之间争抢的至关重要的战略要地。在苏格兰独立战争时期，英格兰人多次将旗帜插到了城堡上，1313 年，迫于战争，苏格兰人亲手焚毁了爱丁堡，直到 1371 年，大卫二世才重建该城堡。以后的几个世纪中，城堡得到不断地修补和巩固，而战争使得它经常处在苏格兰和英格兰的轮流控制之下。时至今日，爱丁堡作为英国皇家军队的总部，还在发挥着它的作用。

购得城堡门票后，可以领取语音解说器（有中文解说），沿途边走、边看、边听，可全面了解城堡的一切，不过花费的时间也会比较长。城堡沿坡旋绕而上，途中共有数十个参观点，较重要的包括爱丁堡现存的最古老的建筑——圣玛格丽特礼拜堂，它简朴、庄严、肃穆，据传是大卫

爱丁堡城堡内景

一世为纪念母亲而在 1130 年建造的。城堡内有军事监狱，设计严谨，沉重的铁门、狭小的栅栏铁窗后，曾囚禁过拿破仑的军队，墙上依稀仍可找到当年法国俘虏绝望中在墙上抓抠留下的指痕。

城堡内的苏格兰国家战争博物馆收藏了一些代表前苏格兰王室历史的宝物，如王冠、权杖、宝剑等。苏格兰联合军队博物馆则记录了历史上的无数战争如何造就了这个独特的民族，以及一些军队变迁的历史。城堡的最高处，室外空地上，面向大海安置了几门大炮，其中最著名的数 Mons Meg 炮，它历经 200 多年中的多次战役，于 1829 年重回爱丁堡。每天中午 1 点，这里都会有司炮手鸣放一响礼炮，以前炮声只是过往船只校对时间的标准，现在，这也成为一个受欢迎的传统表演项目。同时，1 点鸣炮还体现了苏格兰人的节约精神，不在 12 点鸣放十二响，那样太浪费。天气晴朗时，在爱丁堡远眺新城，乔治时代五色缤纷的建筑分布在整齐划一的街道上，尽头是蔚蓝色的大海。我指给小汤看，那儿有迷人的利斯港，今晚去吃海鲜、看日落吧？

圣玛格丽特礼拜堂内景

与海为伍的新城

苏格兰国粹：格子呢裙、风笛、威士忌、老建筑、宫殿

出了城堡，沿皇家英里街一路逛，途中可到格子呢工厂参观。工作中的织布机发出的噪声将我们引向底楼，几位上了年纪、都带着眼镜的老师傅们在一旁随时调整，随着机器有节奏的摆动，世界闻名的苏格兰格子呢就织好了。苏格兰裙是专门为苏格兰男子设计的节日盛装，全部行头还包括及膝长袜、毛皮小包和装饰在裙子上镶满宝石的别针，它们可都价值不菲呢！我也在那里选了一条蓝白格子的苏格兰裙，钱款的一部分照例将捐给戴安娜基金会援助儿童。

在爱丁堡的广场、路边，都能遇到穿着苏格兰裙且配饰整齐的苏格兰绅士忘我地演奏风笛。不妨停下脚步用心聆听一会儿，或是与他们合个影，留住此时此刻对独特高地文化的感受，然后用小费来表达对他们的尊重。

格子呢工厂

苏格兰绅士

高地监狱教堂的塔尖

在皇家威士忌中心，参观者可以了解一些基本的威士忌知识，包括威士忌的历史由来、制作过程、实体模型等，当然还可以免费品尝和购买纯正的苏格兰威士忌。整个参观过程大约一个小时。喜欢威士忌的游客都会忍不住走进去，用鼻子嗅、用舌头尝、用心灵品，最后红着脸，满心欢喜地提着宝贝出来。

继续往下走，就是拥有 73 个塔尖的高地监狱教堂了，它特别的外部线条永远是摄影师捕捉这个城市轮廓的焦点。不过，老城建筑的最佳典范还数格雷史东之屋，这幢狭窄但高达六层的房子，建于 16 世纪中期。1617 年左右，富商托马斯 · 格列史丹斯接手后，扩建了这座老宅。现在其内部装饰仍保留了 300 年前的情景，有六间房间供游客参观，布置豪华、得体的室内装饰，再现了当时上层社会的奢华生活。其中最值得一看的是称作“画楼”的那间展厅，布满天花板和大梁的彩绘真迹，图案生动、颜色依旧鲜亮，令人叹为观止。

国会广场

再走到皇家英里街中部，过了最高法院，就是国会广场。在18世纪以前，这儿是爱丁堡的中心，墨卡特十字架是当时商人们做买卖的地标，甚至皇家公告也在十字架前宣读。这儿的大部分地区都被圣吉尔斯大教堂占据了，巨大的格窗、高耸的拱门、排列齐整的六边形立柱，在狭窄的街上显得如此醒目，让我们感受到当时宗教的权力和财力。

继续向东走，就是荷里路德宫和修道院了。荷里路德修道院建立于1128年，保存至今的遗迹中，还有大部分都是12至13世纪的建筑，东南角的一段门廊最初源于罗马教堂。荷里路德宫由附属于修道院的客房扩建而成，是前苏格兰王室的正式居住

圣吉尔斯大教堂

圣吉尔斯大教堂的窗棂

哥特式纪念碑碑顶

地。最引人想象的是，玛丽女王在这儿居住了 16 年，期间与达恩利和博斯威尔各举行过一次婚礼，又亲眼目睹自己的秘书里奇奥（据传是情人）在宫中被丈夫及一群贵族刺死。这座精美的巴洛克式宫殿居住舒适、环境优美，加上苏格兰的夏季凉爽，是个避暑的理想之地。每年夏天，英女王都要来此小住几个月，同时整修在伦敦的白金汉宫，并对游客开放。不远处现代风格的女王美术馆提供多种艺术品展览。

容易被游客忽略的斯科特纪念碑

从中餐馆用完午餐出来，小汤似乎看到高高的斯科特纪念碑碑顶有人影闪过。将信将疑中，我们特意过去查看。苏格兰民族英雄斯科特的铜像立在纪念碑旁，花上 2.5 英镑，就可以沿着狭窄而弯曲的 287 级楼梯，登至宏伟的哥特式纪念碑的碑顶，届时，整个爱丁堡尽收眼底。购了门票后，我们开始匀速向上攀登，纪念碑的直径小、碑身高，台阶呈螺旋型急速上升，不控制速度的话很容易气喘或头晕。当上面有人向下行时，更要停下来，小心翼翼地互换位置，因为空间实在有限。

密密麻麻的铁轨

黝黑的城堡

几分钟后，抵达了只能容纳六人立足的碑顶，风在耳边呼呼作响。“一览众山小”，我们看到了一张鲜活的爱丁堡地图：整个城市充满生机，宽阔的王子大街上车辆川流不息；韦弗利火车站密密麻麻的铁轨无穷无尽地向郊外延伸开去；灰黑色的城堡孤傲在上高不可攀；老城的王子公园占地极大，修剪整齐、造型别致的绿化地带，是人们闲暇时的好去处；新城区的绿色分割成一小块一小块，掩映在各色的乔治风格建筑中，颇为秀气；海港边的蓝色大海在镜头中几乎与蓝天连成一体，远处的荷里路德公园里，勇攀亚瑟王宝座的游客身影小得像蚂蚁……

老城背后的亚瑟王宝座

我们一致认为这是一处绝佳的观景点，是整个城市中央的至高点，将东南西北各处景致都一览无余，推荐指数极高。尽兴地观赏后，我们才慢慢向下撤离。

一栋石砌民宅

流连在老城的幽静岗巷间

从斯科特纪念碑顶下来，小汤回房间休息，我则怀着对老房子的极大热情，开始尝试 *Lonely Planet* 推荐的老城徒步游线路。刚开始，我还手持地图循规蹈矩地一处一处看，慢慢地就偏离了轨道。因为一栋栋老房子或是石砌而成，或是罕见的木结构老宅，有的有设计独特的院落，有的窗台、屋檐下鲜嫩的鲜花吊篮探头探脑，点点滴滴都深深地吸引我用镜头将它们的魅力一一记录。

这条徒步路线，重点推荐游客参观 Greyfriars 教会和墓地，这儿从 1620 年开始对外开放。然而现在大量游客到这肃静之地参观，有不少是为了来与忠实的巴比狗雕像合影的。巴比的主人过世后葬于教会墓地，从 1858 年至 1872 年，巴比就一直守护着主人的坟墓，直到 14 年后，它也老去。这段刻骨铭心的真实故事被伊莲娜 · 阿特金森写入小说，后来迪士尼又将它拍成电影。

沧桑与鲜活

衔接历史的台阶

18 世纪房间构造示意图

在玛丽国王地道内重温历史

皇家英里街与王子大街的落差巨大，都要通过几十级的台阶上上下下，我一直纳闷，难道几个世纪以来老是在抬高路面吗？至今还有居民住在台阶旁低于路面的老宅内，“高街”下面到底是怎样的世界？在游客中心得知，从 2001 年起爱丁堡开始挖掘整理老城地下世界，其中供参观的玛丽国王地道较为完整，全面还原了中世纪时爱丁堡人的生活原貌。为满足好奇心，我立刻买票，叫上小汤一起去地下世界探险。

年轻的苏格兰向导头戴绣花小白布帽，穿着中世纪风格的拖地长裙，引导着我们一行客人通过接待大厅木门后面的通道向地下世界走去。沿着狭窄的楼梯不断向下走，觉得下面的世界深得似乎到不了头！1724 年时，丹尼尔 · 丹佛曾这样描述过这里的地下世界：这些地道一般有八层楼高，设有通风口，但没有考虑下水道设施，垃圾等直接从窗口倒入街道，污浊之物肆意流淌。贵族、商人、律师、手工艺者、音乐家、平民和奴隶一起混居在脏乱差的地下世界里，地位高就住在条件相对好些的上层，地位越低下的就住在最底层，整日与垃圾为伍。

修整后的地道内引入了照明设施和音响设备。为还原当时的气氛，灯光调得如蜡烛灯般昏暗，声音则有时是市场上的鼎沸人声，有时是面包房等作坊的机器声，有时是居民奔走相告追捕小偷、强盗的紧张一刻。石墙边家家户户的门口都有一盏灯，当时政府强行规定每家一灯，并且在傍晚 5 点至 9 点一定要点亮，以方便行人，降低犯罪率。这不就是路灯的概念吗？走在狭窄的街道上，突然听到一家女主人在窗口吆喝，准备一泻千里倒马桶了，惊得我们不由自主地四下逃窜，乐得向导前仰后合。可见当年过街时一定要小心，不然就中“头彩”了。

在地下世界游荡的幽灵

玩具都要从箱子里溢出来了

1644 年，一些从欧洲驶来的船只在利斯港停靠，舱内的老鼠飘洋过海将鼠疫带到了爱丁堡，在地道恶劣的生存环境里，瘟疫大规模爆发，瘟疫过后，整个城市丧失了约一半的人口。在底层一个空荡荡的屋子里，聆听向导讲述掩埋瘟疫病人的阴森故事，让人毛骨悚然；痛失孩子的母亲们的幽哭声更让人心痛。

一般鬼怪的故事都发生在阴暗之处，所以在玛丽国王地道中有一箩筐这类故事，其中发生在几年前的现代版幽灵故事，给我们留下了深刻印象。据说当时有位日本女通灵者 Aiko Gibo，来这儿采集英国老房子内鬼魂游荡的故事，当她来到女孩安妮生前呆过的小屋时，感觉到安妮的灵魂拽着她的裤管哭诉，为什么妈妈将她一个人留在这儿，她想念爸爸妈妈和兄弟姐妹们，她非常孤独寂寞，连一个玩具都没有。Gibo 猜想是安妮当时染上了瘟疫，妈妈为保全其他孩子，就狠心地将安妮抛弃了。她觉得心都要碎了，且被安妮缠着迈不开步，直到她在小房间内为安妮留下一个玩具，安妮才安静下来。这个故事深深地打动了世界各地的游客，他们来参观时都自发地为安妮带来自己心爱的玩具，并祝福安妮的灵魂能得到安宁。靠墙边的大箱子，各款玩具现在满得都要溢出来了。

大象屋的招牌

首部《哈利·波特》的诞生地

为了驱赶始终萦绕在脑子里的地下世界的阴森气氛，我们去热闹的“大象屋”用晚餐。门口招揽生意的招牌直截了当地点明，这儿是诞生《哈利·波特》第一部手稿的地方。许多人都是为了体会英国女作家罗琳在何等环境中塑造出哈利·波特这个传奇人物而来的。

虽然只看过一部《哈利·波特》电影，也没有追捧过那些厚厚的书，但是罗琳写书成功的神奇故事却让人过目不忘。在苏格兰漫长的寒冷冬季，生活艰辛的单亲妈妈为节约开支，家里不开启取暖设备；冷得实在待不下去时，就每天推着婴儿车在咖啡馆买上一杯咖啡度过大半天，一边照看女儿一边写书。

里外两间咖啡馆除了供应咖啡、茶、软饮料等，还提供酒精饮料；不仅有点心可享用，还有正式的三餐菜单。6 点多钟，介于午茶和晚饭之间时，店内已人声鼎沸，上桌率有七成。我们走进内间，正巧靠窗的位置空了出来，窗外就是爱丁堡的背影，城堡高墙下弯弯的小道通向一

窗台上的书报杂志

处处幽静的院落。整个咖啡馆的风格带些许印度元素，装饰物色调艳丽、浓郁，墙上有以大象为主题的画作，大象木雕分列壁炉左右，少见英式风格的那种严谨、精致和古典。

宽宽的窗台上，放着一些供客人打发时间的书报杂志，环顾四周，并没有太多的线索和细节供客人想象罗琳时常坐在哪儿、喝些什么、吃些什么。我小心选择角度，在保证其他客人的隐私的前提下，拍了几张店堂内的照片。之后，我被窗外的景色深深地吸引住了。落日先将城堡镶上了金边，然后用粉霞陪衬“黑武士”，继而最后一抹紫色将城堡渲染得神秘莫测。高墙下、小道上，匆匆归家的行人中有严肃的父亲、相爱的母子、慢行的长者、活跃的青年、奔放的少年……

大象屋店堂

匆匆归家者

皇家英里街

在"大象屋"我们点了两道苏格兰国菜，一道是煨牛肉，还有一道名为 Haggis 的羊肚。前者非常美味，就是红酒煨牛肉；后者的羊骚味让我们尝了一小口就再也不敢尝试了。原来这道国菜是用剁碎的羊肚、羊肺、羊心和麦片混合后，再塞入一只羊肚上锅蒸熟的。喜欢羊肉的客人应该一试，它可是每年 1 月 25 日纪念苏格兰民族诗人罗伯特・彭斯的宴会上最重要的一道菜。

7.16

早餐后去马路对面的韦弗利火车站购买去因弗内斯的火车票，却得知我要的那班车票已售罄了。考虑到沿途的酒店都已订好，我急中生智中买了头等车厢车票，用双倍的价格保证了出游计划，顺便也准备比较一下英国和美国头等车厢里的不同服务。

退房前还有些时间，我去了皇家英里街选购羊绒衫，因为它们又轻又薄又小。又重又大的纪念品可不敢买，爱丁堡只是英伦之旅的首站呢！

第六感

行——双倍价格的头等车厢有点不实惠

登上去因弗内斯的头等车厢，发现它的空间不大，仅供六位客人使用。左边靠窗一张小桌，配面对面两张椅子；右手靠窗一张两倍大小的桌子，配面对面四张椅子。环顾四周，头等车厢就我们两位客人，考虑到我们两个都要用电脑，就选择了那张大桌子。小小的头等车厢人均占据的空间只是略大一些，一道自动开启的玻璃门将我们与前面普通车厢隔开。他们的沙发椅看上去也很舒服，只是没有固定的桌子，只能用前面椅背上翻下来的简易折叠桌。

一会儿服务员来倒茶、咖啡，推车上还有饼干之类的小食。这些都是头等车厢的免费增值服务，普通车厢的乘客需自行购买或携带食物上车。美国的火车头等车厢也是普通车厢的双倍价格，但是含一顿包括红酒在内的正餐；商务车厢

GREGGS 点心店

是 1.5 倍的价格，不提供任何茶水服务，只是座位间的间距大些。两国服务各有千秋，最实惠的选择还是普通车厢，可记得一定要早早地买好车票。

食——GREGGS 店不希望“留住”客人

GREGGS 点心店是一家经营点心的连锁店，浅蓝色的招牌，统一风格的白色器具装饰店堂，甚至用了较少见的白色灯光。在苏格兰，几乎每个城市的广场边上都能找到它的身影。它以经营自家烘焙的刚出炉的派为特色，有牛肉、鸡肉、猪肉、香肠、素食等不同口味，也供应各款新鲜的三明治、果汁、咖啡和茶等。干净、简洁、明亮的店堂内只设几张小小的圆桌，让客人站着吃完后立即离开——以提高客流量。因为他们的价格比一般的咖啡店有优势，利润也更薄，因此制胜的法宝是必须以量取胜，“留住”客人成为经营上的大忌。

购——不可错过的威士忌、格子呢裙和羊绒衫

王子大街上虽然商场众多，但大都卖些没有特色、哪儿都买得到的旅游商品，只有在皇家英里街上选购三样正宗的苏格兰特产威士忌、格子呢裙和羊绒制品，才不会后悔。过了这个村就没有这个店了，在苏格兰其他城市也不一定买得到；何况原产地的价格在全英国都具有优势呢。

第一样威士忌，由于携带不便，一般只能放弃，但可以在最后离开英国时在机场免税店中选购。第二样苏格兰格子呢裙，呢裙工厂的款式多、质量好、尺寸齐、价格平。第三样羊绒衫或围巾等，首选在那些历史悠久、口碑好的老牌子专卖店购买。如果你有火眼金睛的本领，也可在旅游纪念品商店中淘一淘。

住——麻雀虽小，五脏俱全

推开坐落在爱丁堡王子大街上 Ramada Mount 酒店的大门，几级台阶将客人引至前台。如果将台阶靠墙处的装置放下，就会在其上架起一道斜坡，方便客人推拉行李箱或使用轮椅，既节省了空间，又以人为本，解决了客人的难题。前台右手小小的电梯，装下我们和两个大箱子后就再也容不下“第三者”了，房间内舒适的设施布置紧凑，风格现代。

酒店规模不大，但是麻雀虽小五脏俱全，大堂、酒吧等设施都不缺，并且都提供无线上网。人们时常在华而不实的派头与经济惬意的乐惠之间挣扎，最终决定还是要取决于那时那刻的人、事、物的需要。对我们贪心的游客来说，当然最好是“鱼和熊掌”皆得了！

王子大街上的百货公司

建议路线

第一天：搭飞机或火车抵达爱丁堡。

第二天：首先参观爱丁堡城堡，然后由西向东，沿着皇家英里街去格子呢工厂和皇家威士忌中心参观并购物；接着欣赏两座不凡的建筑：高地监狱教堂和格雷史东之屋；然后在国会广场遐想几个世纪前的繁华，并参观圣吉尔斯大教堂。走回王子大街解决午饭问题，再登顶斯科特纪念碑，换个角度观察这座城市。下午先去玛丽国王地道，一探中世纪地面下的建筑奇迹，听别人讲鬼怪神灵在地下游荡的故事，然后一直向东相继游览荷里路德修道院、荷里路德宫、女王美术馆、亚瑟王宝座。5点后，各大景点均已关门，可去“大象屋”小歇片刻，犒劳一下疲劳的双腿，放松一下紧张的心情。8点，去浪漫的利斯港赴个海鲜约会，别错过隔壁酒吧内供应的正宗苏格兰威士忌！

第三天：睡醒后离开。

FERRARA
Inver

ess 因弗内斯

走过…

7月16日

从爱丁堡（Edinburgh）乘火车抵达因弗内斯（Inverness）

因弗内斯城堡（Inverness Castle）

尼斯小道（Ness Walk）

尼斯岛（Ness Islands）

7月17日

尼斯湖（Loch Ness）

厄克特城堡（Urquhart Castle）

离开后乘长途汽车去Ullapool

城市

英国最北边的城市

整个苏格兰地区按照海拔分为低地地区和高地地区，如地图所示，深绿色的高地地区占地过半，直到英国北面的天尽头。与几乎相同经纬度的挪威、瑞士相比，苏格兰的高山地区人口稀少，人均占有山、海、湖、岛的份额最大，并且拥有英国境内的最高峰本尼维斯山。2000 年 12 月时，因弗内斯由英女王授予“市”级行政级别，拥有了“英国最北边的城市”之称。

在行政区改制之前，因弗内斯原本是因弗内斯郡最重要的城市，也是区议会的所在地。如今，快速发展的因弗内斯是高地地区主要的定居点，位于尼斯湖畔，紧邻默里湾，是连接西部和北部地区的交通要塞。近年来，它的经济支柱已经逐渐从传统蒸馏业转型到高科技工业，例如糖尿病诊断器械的设计与生产等，苏格兰政府和美国强生公司一起投资兴建了一座医学科学研究中心。近在咫尺的尼斯湖令其旅游业兴旺发达，也带动了零售业的发展。

尼斯湖是英国境内最大的淡水湖，狭长的湖宽 2.4 公里、长 39 公里，平均深度 200 米，最深处有 300 米。水怪的传说给尼斯湖蒙上了神奇的面纱，最早的水怪记录可追溯到公元 565 年，此后十多个世纪里，人们大多认为水怪不过是一种传说而已。1934 年 4 月，伦敦医生威尔逊途径尼斯湖时再次发现水怪，并用相机拍下了照片。照片上的水怪长长的脖子和扁小的头部，与七千多万年前灭绝的巨大爬行动物蛇颈龙非常相似。水怪照片再次引起轰动，在尼斯湖内找寻水怪热也持续了四十多年。70 年代中期，英美两国联合组织了大型考察队，派 24 艘考察船排成一字长蛇阵，在尼斯湖上拉网式地驶过，企图捕获水怪，但还是一无所获。尼斯湖怪，始终是个未解之谜。

ORKNEY ISLANDS
Pentland Firth
NORTH SEA
The Minch
Dornoch Firth
Moray Firth
Little Minch
Inverness
Aberdeen
HIGHLANDS
Dundee
Firth of Tay
HIGHLAND BOUNDARY
Firth of Lorn
Stirling
Firth of Forth
Edinburgh
Glasgow
ATLANTIC OCEAN
Firth of Clyde
LOWLANDS
North Channel
NORTHERN IRELAND
ENGLAND
0 10 20 40
Miles

苏格兰行政区域图

火车站内的穹顶

游历

慈善午餐处处有

我们推着两个大箱子，穿过王子大街向韦弗利火车站走去。在王子公园拐角处的参天大树下，停了一辆小型面包车，黄色车身上的英文表明它属于一个慈善机构，车边放置了一块说明牌，上面写有每天来此地分发免费汉堡的时刻表。已经有几个人领到了汉堡，正就地坐在路边趁热吃着，工作人员还在一旁和他们交流。

小汤说，看来这儿的无家可归者要比美国少得多，在旧金山教堂门口，排队等免费午餐的队伍不要太长噢！他再仔细地看那张时刻表，发现免费餐车每天只在 11 点钟来一趟，不由感叹道：他们只能早午餐两顿并一顿啊，他们的晚饭在哪里，又睡在哪里呢？

我的眼前又浮现出昨晚在超市门口文明乞讨的那位女子，年轻的她脸色苍白、孱弱，紧裹着薄毯坐在地上。可能的话，真想听听他们的人生故事……

韦弗利火车站是爱丁堡市中心唯一的火车站，大多数火车从这儿始发后，会在西区的 Haymarket 停靠，方便那儿的居民出行。透明顶棚下，宽敞的韦弗利火车站的候车大厅内异常繁忙，一些供应咖啡、点心的小型售货亭，给旅人以便利；巨大的屏幕上不断滚动提示进站和出站的信息，让人一目了然于自己的行程时间。候车大厅通过长长的室内通道与隔壁王子购物商场连接，等车的旅人们也可以选择到那里去消磨些时间和金钱。

通过信息屏幕，我们发现要乘坐的火车将停靠在对面月台上，也就是说我们需要先上下楼梯，然后再翻过一座人行天桥。在平时那可是最简单不过的事，可是我们现在还有两个沉甸甸的大箱子，经不起太花力气的折腾。嘱咐小汤看好行李，我四下里观察了一下，确定多走几步平路就能搭乘电梯上下，然后再走一小段就可以到达对面月台了。以人为本的设计又解除了我们的心头之忧。

火车准点离开了爱丁堡，提速后车身不太稳定，感觉经常摇晃，车速也没有我们的动车快，不过头等车厢的大空间还是让人惬意得很。小汤抓紧分分秒秒的时间看他迷上的连续剧，我则在远在上海的编辑的指导下，修改和润色我的处女作——《30 天纵横美利坚》。窗外掠过的乡村、农田、牧场的景色都与美国的不一样：这里是丘陵起伏，秀丽、小巧；那儿是落基山脉，高山大水，空旷、广袤。

三个半小时后，火车将我们带到了尼斯湖边环境宜人、适宜居住的因弗内斯。

代表英国高品质生活的最佳城市之一

因弗内斯不仅火车站比爱丁堡的迷你多了，马路一般也就两车道，两边红砖墙的欧式建筑居多，大都不超过两层，最高的要数教堂的尖顶了。如果爱丁堡是个摩登大都市，因弗内斯就是标

红砖建筑

Inverness
HIGHLAND
GAMES
Inverness
HIGHLAND
GAMES
Switch
& Save

步行商业街

准的欧洲风情小镇。然而让人惊讶的是，这个小镇的酒店比大城市的要气派许多，不仅有直通尼斯湖的宽大大堂，还有宴会厅等，显示出它旅游业的兴旺发达。

入住 Ramada Inverness 后，我们去不远处的游客中心订明后两天的旅游票。虽然只有半个小时就要关门了，可前来咨询的游客众多，排了好一会儿队后，我们只买到明天游览厄克特城堡的票，而后天深度游尼斯湖和出海看海豚的只剩一个席位了。在爱丁堡时火车票买晚了，不得不出双倍票价才来到了因弗内斯。而现在，因为我们前两天对天气没有把握，没有及时在网上预订明后两天的旅游票，看来就是出三倍的价格也无票可购了。因此暗自念叨：出门在外，该出手时就要出手，天气等客观因素不能考虑太多，一切都应该严格地按计划执行。

玫瑰红的因弗内斯城堡是因弗内斯的制高点，城堡门口宽广的草坪更是眺望尼斯湖两岸、欣赏日落美景的理想地。如今因弗内斯郡法院占用了城堡，深色的城堡大门紧闭着，与我记忆中的它一模一样。五年过去了，这个风景如画的小城市几乎没有变化。

因弗内斯城堡

高品质生活的城市

深蓝色的尼斯湖悠悠地穿过整座城市，落日的余晖将两岸大大小小、不同教派的教堂装点得金碧辉煌，气度不凡。身为英国高品质生活的最佳城市之一，时间似乎在因弗内斯停住了脚步，让人们放慢生活节奏，细细体会身边自然环境的美好，彻底享受生活的惬意。我们坐在长椅上，落日暖暖地照着，带着丝丝清草香的甘甜空气沁

花·湖·屋·山

入心肺，随意可见清风下的野花摇曳着腰肢，质朴又娇艳；对岸异国情调的景观过目难忘。真有“醉景”一说吗？

漫步和美食是因弗内斯的主旋律

走出旅馆大堂后门，我们沿着尼斯湖边向因弗内斯人气最高的 The Mustard Seed 餐厅踱去。晚餐已经满座了，我们赶紧预订了明天的午饭。

尼斯湖的两岸，餐厅和B&B（提供住宿和早饭的小型家庭式旅馆）一家连着一家。过了步行桥，小汤建议选一家现代风格的餐厅，不想再去传统的英式酒馆了，我们就一路走一路查看菜谱，寻觅中意之处。这时，一座全玻璃幕墙外观，造型简洁时尚，名字也直奔主题的“the KITCHEN”的餐厅，让小汤一眼相中。夕阳西下，玻璃幕墙外的落日和蜿蜒的尼斯湖伴着我们悠悠地享用晚餐，西式做法的海鲜将我俩喂得心满意足。

边走边看

the KITCHEN

安德鲁大教堂

让小汤羡慕的学校

饭后，我们沿着著名的尼斯小道款款而行，一路上的建筑景观让人目不暇接。先是走过了安德鲁大教堂，由于时间的关系，只能过门不入；然后欣赏到一所以红砖建筑为主体的学校，巨大的草坪操场令小汤羡慕不已；还有集典雅与现代一体的大宅和花园，让我们

为之心动的花园

为之心动。街头三角形地带的纪念碑和构思精巧的花坛相互衬托，引我们驻足，仔细研究英国的园艺，暖暖的灯光从一家B&B中透了出来，要不是它离火车站太远，或者我们开车的话，我们一定会在异国他乡体会一下家的感觉。天色渐暗，走过滩涂时，那些在钓鱼的好汉也都收拾家什回家了。尼斯岛近在咫尺，可是望过去岛上树高草深，原始而神秘。小道旁又不设路灯，出门在外，首条规则是“安全第一”，于是就回了头，心想，下回来定要好好享受一次野餐！

纪念碑和构思精巧的花坛

AA

B&B 是英国另一道风景

暮色中的滩涂

旅客在因弗内斯的最大乐趣，就是放缓脚步和心情，漫步于尼斯湖畔，沉醉于两岸的美妙风情；然后再踏上尼斯岛晒晒日光浴，一个人发发呆，享用不同风格的美食，浅醉于英式酒馆中。由于周围景点众多且分散，这里的游客中心提供种类繁多的一日游活动，几乎覆盖了所有有价值的去处。这些为游客量身定做的游览计划，能使人用最少的时间和金钱，最省心地游览心仪的景点，是散客的最佳选择。

散步途中，我们都已被这远离繁华大都市的宁静和慢节奏的生活方式深深吸引，于是临时决定，既然没有买到后天的旅游票，不妨干脆改变行程，中途去一趟苏格兰最有魅力的港口小镇 Ullapool。探寻一下这个没有风景点的小镇，为什么每年夏天都吸引世界各地的游客蜂拥而至？它的魅力究竟何在？

回到酒店，我们顺利地退掉了第二天的房间，可去汽车站购票时吃了个闭门羹。不过还好，明天一早，在出游厄克特城堡前，我们可以先买好去 Ullapool 的车票，保证新计划的顺利实施。

7.17

神秘的尼斯湖和厄克特城堡

天刚蒙蒙亮，我就买好了去 Ullapool 的车票。在隔壁的咖啡馆用完早餐后，帮小汤打包了一份，回到房间，小懒虫还在蒙头大睡中！该起床啦……

退房后，在酒店后门等来了接待我们的旅游小巴士。第一次参加这种一日游的散团，心中有些忐忑不定，好在小巴士准点到了。司

神秘的尼斯湖

雾中的远山、近水、人家

机将我们送去码头，和其他从四面八方赶来的游客一起，坐上了一艘双层游船。虽然早晨的空气很凉，但我们还是毫不犹豫地选择了坐在露天甲板上。这可是观察水怪的最佳地点啊！昨晚我们还特意观看了电影《尼斯水怪》，小男孩与水怪之间的温情故事打动了我们，可惜拍摄地和那座英式庄园离这儿有些远。

因弗内斯境内的尼斯湖窄而浅。然而我们的船开出去不久后湖面就越来越宽广了，水也越来越深，四面环山，烟波浩渺。水多雾气就重，远山、近水、人家都浸染在雾气中，日头也被厚厚的云层遮着。

厄克特城堡全景

尼斯湖是英国最大的淡水湖，钢蓝色湖水绵延 39 公里。由于早期多批游客在游湖时偶遇水怪，于是考察家和捕猎者就运用各种方法追踪水怪的身影，派过潜水员，使用过小型潜水艇，还用过食物诱捕等，就差将湖水抽干这一招了，可是水怪始终杳无踪迹。近年来，只有游客们依旧热情高涨地追捧这个神秘的地方。运气好的话，说不定就与水怪不期而遇了！

船继续前行。远远的，我们看到了巍然屹立在湖边的厄克特城堡一角，其破损程度出人意料。等到我们的船绕岛转了个角度准备靠岸时，才看到了城堡残骸的全景。6 世纪时，英格兰皮克特人就在此修建了木头的城堡；由于此地处于哥伦峡谷，军事位置显要，13 世纪时修建起了石头城堡，并长期为皇家所有。在以后的几个世纪，因为英格兰和苏格兰之间的战争，

厄克特城堡一角

壕沟与吊桥

厄克特城堡饱受炮火的蹂躏。直到1692年，最后一支军队离开了这片废墟后，城堡再也没有被修复，石材也陆续被当地居民拆除去造民宅了。现在的这些残垣断壁还是能让人依稀看出，不断遭到掳掠和破坏的它，在鼎盛时期应该非常壮观。城堡四周挖有10英尺深的壕沟，将木吊桥一收起，就可轻易地将入侵的敌人挡在岛外，是一处易守难攻的要塞。可今天，我们随便就能闯入它的内部了。中心墙上手绘的城堡全景图，让游客们一窥了它先前固若金汤的防备。四处走走看看，小汤居然“顿悟”到：在这儿当士兵真幸运，从任意一个地方望出去，满目皆是风景耶！真是少年不识愁滋味。

厄克特城堡手绘复原图

满目都是风景

待我们再回到因弗内斯市时，已是云开日出了，在灿烂阳光的照耀下，连老房子都透着股精神劲儿。我们直奔 The Mustard Seed 餐厅，尽情享受了一顿地中海风味的午餐，然后第一次搭英国的长途巴士去下一站——Ullapool。

阳光下神采奕奕的建筑

The Mustard Seed

If neither foes nor loving friends can hurt you
If all men count with you but none too much..
If you can fill the unforgiving minute
With sixty seconds' worth of distance run,
Yours is the Earth and everything that's in it,
And - which is more - you'll be a man, my son!

第六感

食——名不虚传的 The Mustard Seed 餐厅

在尼斯河边有一座其貌不扬的灰色老房子，就是 The Mustard Seed 餐厅。小汤对着这扇古老的拱形木门心里直犯嘀咕，猜测又是我喜欢的那种走典雅路线的餐厅。进门后，左边一整面墙上的谏言，更让他觉得不爽快。没料到，拐进正厅后却是另外一片天地，现代风格的两层楼的餐厅，满屋洒满阳光；右边后现代风格的吧台别有洞天，更让人愉悦。

吧台

二楼户外露台

地中海风情

服务生将我们引至二楼户外露台，绿色植物和花卉将露台装扮得生气勃勃，一旁还有流水潺潺，人行桥连接两岸，用“秀色可餐”来形容是再恰当不过了。

可是小汤怕坐在户外太热，硬生生地谢绝了这张“头等桌”，请求坐在室内远离阳光的“次等桌”。两人一起出行，时时刻刻都得步调一致，才能最大程度地体会“二人世界”的乐趣，虽然觉得好可惜，为顾全大局我也不再提意见了，只趁小汤认真研究菜谱的时间，四处转悠拍照。

和面包篮一起上来的是一碟橄榄油，中央还滴了少许醋。和我们的食用醋不一样，它的色要黑，味要浓，但不是太酸。将咸味的法式面包撕成小块，沾橄榄油和醋一起吃——绝配。地中海菜肴也是健康菜系中的一种，因为它大量使用有利于人体健康的橄榄油、海鱼、坚果、蔬菜等。相对来说，它的菜单中各类红肉的出镜率较低，一般都以海鱼为主。

我们分享了一盘当日主厨推荐的色拉，色拉的主要成分是用橄榄油拌的鲜嫩绿叶菜，腌过的橄榄点缀其间，还有一些豆干丝状的海鲜。我的主菜是一整条地中海风味的鱼，去骨，说不上是蒸还是烤的，汁多、味香、鲜嫩。小汤要了盘牛肉，三下五除二就干掉了三片，说味道没得说，可也太健康了，量少得都没法让人吃饱！然后他又消灭了我盘中的半条鱼，食足饭饱后的他眺望着对岸的秀色，向我发难：何时你也能整出条这样的鱼来呢？

对岸的景色

建议路线

第一天：乘火车，中午抵达因弗内斯，在 The Mustard Seed 餐厅用午餐（请提前订座），饭后去超市买些饮料、水果和小食随身带上，然后沿着尼斯小道漫步。抵达尼斯岛后，在青青草地上、枝叶茂盛的大树下，享用自带的下午茶。往回走时，选湖边中意的餐厅将晚饭订好，再折回到因弗内斯城堡，俯瞰两岸风光和日落，参观不远处的博物馆和艺术馆。回酒店休息、更衣后，享受最后一档节目——在湖边伴着落日享用浪漫晚餐。

第 N 天：根据个人的喜好和时间，参加游客中心组织的周边地区各种一日游活动，如游尼斯湖、参观厄克特城堡、出海向海豚问个好等。

u l l a

001

走过...

7月17日

从因弗内斯乘长途汽车抵达

Ullapool

Ullapool 小镇

7月18日

离开 *Ullapool*，乘长途汽车去斯凯岛的波特里（*Portree*）

城市

不被外界了解的世外桃源

Ullapool 是位于因弗内斯西北面的海港小镇，至今尚未有中文名字，连 BBC 也称其为“尚不被外界了解的世外桃源”。它与苏格兰西北部的外赫布里底群岛隔着一条海峡，是其首府斯托诺韦对外的门户——每天有轮渡往返两地。

整个小镇约 1300 人，周围延绵的山、怪石嶙峋的坡和气象万千的大海，与小镇一起构成一道自自然然、安安静静的风景。

这里没有一处售门票的观光景点，除了餐厅和酒吧，没有任何其他娱乐设施，吸引游客的就是那份随意、那种摆脱了“被旅游”的自由自在。

一道自然的风景

游历

7.17

小镇是城市的迷你版

我们在因弗内斯乘坐的大巴士基本满座了，沿着单车道的公路向 Ullapool 开去。沿途零零星星地又上来一些乘客，看上去都是本地人。在英国，城市里的公共汽车站牌时刻表都是精确到分的，长途汽车也是如此，让乘客等车的时候心里有谱。人人文明开车就能保持交通畅通，巴士的司机收放自如地控制着节奏，有时早到了几分钟，就在站头上略停留一下，等候客人，因为乘客们也都是掐好时间来候车的。

Ullapool 的“明信片”

沿途经过一些田野、小村庄，看上去城乡差别并不大，一样的公路、别墅、超市、集市、餐厅、酒吧，就是规模缩小了而已。不像国内，城市和乡村间区别显著：公路级别不同、房屋款式不同、卫生条件不同……但是这里的年轻人还是不甘心一辈子窝在 10 分钟就能逛到头的安静小镇，长大后也都喜欢去伦敦等大城市闯荡。在这一点上，全世界的青年人都是一条心——趁着青春年少，闯世界去！

预定的 B&B

又一次与 B&B 擦肩而过

车在 Ullapool 的码头边停了下来，我们就站在“明信片”中了：一望无际的大海中点缀着一些山丘似的小岛，带来了静中有动的美感；颜色各异的小艇在码头边或“排排坐”或四散在港湾内，显得生机勃勃。来不及辨别方向，我就拿起相机贪婪地拍摄起来。等我一通照片拍完才发现，码头上就孤零零地剩下我俩和两只大箱子了。拉着箱子，沿着主干道向上走，我们找到了昨天预订的 B&B，英式小楼前草坪修剪得整整齐齐，窗台和屋檐下精心打理过的花儿开得正艳。

敲了半天门，没人应；打电话，铃响没人接。过了老半天，一位穿着墨绿色浴衣的大男孩出来应门了，看他的脸猜测是位智力有障碍的男孩，说父母外出理发去了。征得他的同意，我先上楼去查看房间。这是栋按照英式传统布置的小楼，楼上有两间客房，楼下是主人房、客厅及厨房，

与这家 B&B 说再见

回字型的酒店

客房小巧温馨，但没见洗手间。我环顾楼上楼下，发现家里只有一个洗手间兼浴室，这就意味着要与其他客人和主人一家子合用，这让我们打了退堂鼓，怀着歉意，与美丽的 B&B 说再见了。

拉着箱子，我们还是去街口住酒店，白色外墙的酒店呈回字型，宽敞的大堂、酒吧、餐厅一应俱全，是镇上最大的一家。出乎意料的是，望得到海边的风景房都住满了，只剩下最普通的标准房了。可是怎么在街上没看到几个游客的身影呢？更遗憾的是，偌大的宾馆没有电梯，我们只能咬着牙，提着沉甸甸的箱子，慢慢地挪上三楼。

苏格兰风格的酒店大堂

学生仪仗队

跳苏格兰舞的女孩

没有景点的旅游胜地

如此折腾一番，肚子也在咕咕叫了。走到街上，一阵香味扑鼻而来，我告诉小汤这源于英国的一道名菜：炸鱼和薯条（Fish&Chips），怂恿他无论如何要尝一次，虽然油炸食物不利于健康。英国的海岸线较长，鱼产品资源丰富，贫瘠的土地和寒冷的气候不影响土豆的生长：这两样就是名菜的主料。裹上面浆的鱼块经油炸后香气四溢，再配上油炸的土豆条，是一道经济又耐饥的大众菜。热气腾腾、香气四溢的一份英国名菜喂饱了我俩后，我们心满意足地去游客中心查询资料。千真万确：此地确实没有任何记录在案的名胜古迹，但可以去远足或租条小船在海湾内自由飘荡，这儿的特色就是"逍遥游"。我们好像被填鸭方式喂惯了的中国学生一样，对没有必看景点的旅游地一下子还不太适应。

隔壁是纪念品商店，正慢慢看着，听到外面有风笛和击鼓声。原来，每天黄昏时，附近学校的学生会穿上传统的苏格兰制服，为大家表演一番。他们一边用传统的苏格兰乐器演奏一些苏格兰名曲，一边沿大路右拐向一个停车场走去。在空荡荡的停车场里，女孩们又为我们这些远道而来的看客跳起了欢快的民族舞。

然后我们无目的地向海边慢慢走去，悠然自得地闲坐在码头边望望海、听听潮、观落日，有一言没一语地聊着，这不也是一种惬意的玩法吗？

吃着盘中的，望着窗外的

打水漂的男孩

初尝苏格兰海鲜

傍晚时分，我们步入小镇口碑最好的海鲜餐厅。餐厅是全木头结构的英式酒馆风格，坐在二楼窗边，扭头就是小镇最美的一角——码头。我们点了一份苏格兰特色菜海鲜拼盆，有大龙虾、生鱼片、虾、牡蛎、帝王蟹等，满满当当的一大盆，还点了一条当日特别供应的鱼（鱼的品种取决于每天凌晨渔民的收获）。鱼没有中午那条地中海风味的做得地道，可是海鲜拼盆没话说，鲜味中带点儿甜丝丝的口感，还透着股海的气息。小汤后悔点了鱼，说如果吃两份海鲜拼盆该有多过瘾啊！

海鲜大餐把我们的肚子撑得圆圆的，为消食，饭后就沿着码头去小镇的另一头散步，沿海边一字排开的是一家接一家的 B&B 和风格迥异的小酒馆。"下次再来就住这家有着月亮门的"，"还是住这家拥有美丽花坛的吧"……一路上，我们憧憬着他日的故地重游。暮色中，有男孩在海滩上打水漂自娱自乐，花坛里的康乃馨透着股不一样的灵气……

花坛里的康乃磬

我们漫无目的地在这个没有故事的小镇上闲逛。也许，喜静的人会发现这儿以简单为主旋律的快乐是那么纯粹，而喜闹的人会被无聊透了的单一生活逼疯……

7.18

见识定居在外赫布里底群岛的英国人

早上来到码头边，巴士已经在等我们了，可环顾四周，乘客只有寥寥几位。这时，远处有一条船慢慢地驶入港中，船上下来的一批男女乘客都人高马大，个头有些像北欧人，就连抱在怀里的婴儿都要比一般小婴儿大一号。他们全部都上了大巴士，与我们一起去因弗内斯。

原来，居住在苏格兰边界岛屿上的他们，生活和英国其他地方的居民大相径庭，一般以捕鱼、农业和纺织为生，苏格兰盖尔语是他们的工作语言。据统计，几乎全英国一半以上说盖尔语的人都居住在这些岛上。邻座的两位女士似一对喜鹊，叽叽喳喳的一路上就没停过，我被铺天盖地的盖尔语灌得昏沉沉的。

建议路线

第一天：下午乘车抵达 Ullapool 后，在码头四周溜达，让身心自然放松，晚上好好享受一顿价廉物美的海鲜。

第二天：乘早上的班车离开

提醒：Ullapool 适合或旅行时间充裕，或特别喜欢安静的海港小镇的游客。

Isle of

Skye 斯凯岛

走过…

7月18日

从因弗内斯（Inverness）乘车抵达波特里（Portree）

Somerled 广场（Somerled Square）

海港（Harbour）

7月19日

邓韦根城堡（Dunvegan Castle）

乌伊格（Uig）

斯凯岛风情博物馆（Skye Museum of Island Life ）

Kilmuir 墓地（Kilmuir Graveyard）

Duntulm 城堡（Duntulm Castle）

Kilt 岩石（Kilt Rock）

老人石柱（Old Man of Storr）

7月20日

离开后乘长途汽车去格拉斯哥（Glasgow）

褐色的火山岩

城市

天堂之岛

斯凯岛是苏格兰内赫布里底群岛中最北面、最大、最美的岛屿，最宽处 50 英里，最窄处 5 英里。在库林丘陵上可以清晰地观察到始新世（地质时代中古近纪的第二个部分）火山爆发的痕迹，被海蚀了的褐色火山岩形状各异。海边的悬崖绝壁仿佛也在不断地讲述那段远古的历史。

斯凯岛海拔 1009 米，属于高位沼泽地，土地贫瘠，不利于开垦种植，岛上农民的生活一度极端困苦。许多居民为了生存，不得不离

乡背井去谋生。从人口统计数据来看，1841 年共有 23082 人居住在岛上，达到顶峰；1971 年时跌到了只有 7183 人。

随着崇尚自然、热衷原始风光的旅游风尚兴起，越来越多的游客开始倾慕没有工业污染、乡间小路依旧崎岖、极目之处都是海岸线的凯斯岛。游客们陶醉在清纯的空气和未经雕琢的自然景色中，沉醉于香醇的威士忌和几乎是直接从水里到餐桌的海鲜中。旅游业成为岛上的经济支柱，同时还有渔业、畜牧业、酿酒业、羊毛加工业和硅藻土开采等辅佐：凯斯岛变成了今天令人心神向往的天堂之岛。

未经雕琢的自然

游历

烟雨朦胧的海港

7.18

初尝岛国雨水的厉害

从 Ullapool 回到因弗内斯时开始下小雨了，我们就在车站隔壁的小咖啡馆小坐了一会儿，等候去波特里的长途车。

发车后，司机沿着尼斯湖开了好长一段，由于下雨，整个湖面灰蒙蒙的，游船也寥寥无几，让人庆幸前几日我们都赶上了好天气。汽车北上，途经最具怀旧气质的 Eilean Donan 城堡，城堡前一条漫漫长堤，堤下三个小小的拱形桥洞相连，宛然是世外的另一个天地。此时此刻我们只能坐在车上，目送着它慢慢淡出视线。不由得怀念和小汤在美国时的自由行，自己开着车，哪里有中意的美景，就在哪里停下。

当汽车驶上 1995 年竣工的凯斯桥时，四周依旧迷雾笼罩。懵里懵懂的我们下了车，踏上了凯斯岛，抵达了岛上最大的、活力四射的小镇——波特里。

汽车站就在 Somerled 广场边。细雨中，我们未作停留，直奔游客中心，询问租车等事宜。游客中心出来，雨还在下，我们穿上准备好的防雨轻便登山服，向已预订的 B&B 走去。半路上雨下得更大了，沿途都是民宅，没地方躲雨，只能硬着头皮加快脚步，恨不得插翅飞到我们的 B&B。裹着一团潮气，提着被雨淋湿的箱子，我俩狼狈不堪地在 Coolin View Guest House 门厅地毯上也留下了大滩水迹。楼主一边帮我将箱子提上二楼的房间，一边戏言这雨水可将箱子淋得够沉的！

回到房间安顿好后，这才发现窗外举目之处就是海港、岛屿、游艇和漂亮的建筑，只是黑压压的乌云和绵绵细雨带来层层薄纱，氤氲缭绕在怡人的景色上，让人觉得有点压抑。雨将我们困在

五颜六色的小游艇

小小的室内，我盘起莲花坐，坐在窗边对景品茶，一口热茶下肚，暖意慢慢地在体内四溢开来，席卷全身。小空间里最让我满意的是加宽窗台的设计，在那儿可以悠然地喝茶，淡淡地望着窗外，静静地聆听雨声，默默地想着家人……

了无痕迹的人造美丽

雨终于停了，嗅着充满海之味的清爽空气，我和小汤沿着小道向海港走去。天上的云层还是厚厚的，雾气将四周渲染得朦朦胧胧，有几分神秘。码头边的港湾内停靠的不是那些令人敬而远之的超豪华大游艇，而是一些小小的、五颜六色的亲民小游艇。即使是囊中并不宽裕的游客，也完全可以挑一个艳阳高照的日子，租一艘游艇出海去兜兜风，享受一顿海上浪漫午餐。

从海港边向上回望我们临时的“家”的所在之处，一排传统式样的房屋沿马路比肩而列，外墙被封刷成深浅不一的粉色，显得明艳轻松。屋前屋后满是浓郁的深绿色植物，它们被修剪得前低后高、错落有致，丝毫不遮挡观景。

粗看时，这些民居没有什么特别之处，它们设计简单，也挨不上优秀保护建筑的边，但是仔细观察，发现果色的小屋就是画龙时的那点睛一笔，将周围颜色单调的蓝色大海和绿色丘陵“点”活了，让整个港湾地区生机勃勃。而且，小屋周围既没有电线杆，又没有室外空调机，供取暖设施运作的锅炉等也不曾暴露在视线之内。看似简单的“美丽”其实经过了精心的统筹安排和设计。

从镜头里找到暂时属于我们的那扇窗，我毫不犹豫地咔嚓一下按下了快门。

回望我们临时的"家"

一顿晚饭在两家餐厅解决

五年前在“Harbour View”餐厅和老汤一起用的那顿晚饭，让我们对英国菜的坏印象从此全部打消。乏味的英式菜肴中竟然也有烹饪方式简单、保持食物原汁原味的做法，让我们吃得极为尽兴。这次我算是带着小汤“故地重游”，就住在了“Harbour View”的隔壁，感觉“Harbour View”就像是自家的厨房了。然而，当我们推门进去后却被告知满座了，要 9 点或 10 点以后才有空位。失望之余，我们只能将第二天的晚饭先预订好。

海港边新开了一家海鲜餐厅，尚有空位，激发了我们再开发一家让人“过食不忘”的餐厅的欲望。这家餐厅装修不见特色，菜单上的价格却比昨晚在 Ullapool 的那家贵三分之一，见此情形，小汤建议就点些小食尝尝，晚些再去“Harbour View”餐厅吃正餐。那儿生意那么红火，肯定有原因。被他言中，这里的菜式确实毫无新意，味道也一般。

吃完“小半顿”晚饭，我们在海边和巷间慢慢地闲逛着。潮湿的空气包裹着我们，让人不由得担心，如果明天还是阴雨连绵，我们的环岛游计划又将“泡汤”。在这个狭长的岛国，一阵风刮过就下雨了，再来一阵风就将云吹散了，又是阳光明媚的好天气了，它们已经成了游客们游览英国风光时的必然背景，我们也不能例外。索性好好享受眼前的朦胧夜景，然后遥想即将出现在眼前的美味佳肴吧!

果不出意料，等我们再绕回“Harbour View”去吃“后半顿”晚饭时，同样被苏格兰海鲜俘虏了的小汤直呼物有所值! 虽然这是我们来英国后花费最大的一顿，但当我们美美地消灭完盘中美食结账时，面对100英镑的账单，我们还是一副心满意足的表情。

“Harbour View”可谓游玩凯斯岛时最不能“走过错过”的一站。

7.19

爱丁堡人在岛上的田园生活

亮晃晃的光线透过眼皮直射进我的眼睛，醒了。哇，好大的太阳! 虽然不带遮光布的窗帘搅了我的“一帘好梦”，可我们又误打误

阳光百分百地秀出了波特里的美丽

纵观整个港湾

撞上了一个天朗气清的日子。出门在外,尤其是在英国,这真是可喜可贺。

去楼下用早餐时，主人家已经在厨房为客人做好咖啡、烤土司、煎蛋了。昨日闲聊中听说我们刚去过爱丁堡，主人便兴致勃勃地介绍说他正是爱丁堡人，现在移居斯凯岛，经营这家 B&B，日子过得美丽又悠闲。房主个头不高，人很干净，礼貌，讲话轻声慢气，在 B&B 的

经营上颇花心思，动足了脑筋。比如我们用餐的厨房，在早饭时段以后便是对外开放的室内茶室；门口靠悬崖边还整理出能停两部车的沙石场地，旁边支一张木桌，被绿叶及鲜花包围着，是室外茶室。坐在阳光下的小桌旁，可以尽情地纵览整个港湾地区。

邓韦根城堡

借车记

眺望着阳光下美丽妖娆的港湾，我们心情“倍儿”好地向镇外的汽车租赁公司走去。出了镇，目光所及之处依旧绿色怡人，建筑齐整，但是看不到几个行人，立刻让我们感到以车代步的必要性、重要性和决策的正确性。环岛也有公共汽车，但是间隔时间太长，不可能助我们在一天内完成环岛游的计划。

来到第一家游客中心推荐的租车公司，接待我们的老先生说他们只提供各种牌子的手动挡车辆，没有全自动挡的车，因为开全自动的车太无聊了。为了让我死心塌地在他那儿借车，老先生还说他可以保证全岛没有一辆全自动挡的车可以借给我。考虑到在英国开车靠左行，驾驶位却在右边，需要用左手控制操纵杆和换档，担心到时会无所适从，我们还是离开了，打算去别家试试运气——生意人的话终究目的性太强，大约在英国也是如此。另外一家租车公司的电话没人接，但我们还是抱着一丝希望，向目的地走去，一边走一边相互打气。到了店一问，他们有自动挡的车供出借，我俩高兴得击掌祝贺，刷卡提车后就速速上路了。

生意人的话终究都有所企图和目的，所以旅游中的许多问题，通过自己的实践去解决，是最好的方式。很多时候，再坚持一点点、再努力一点点、再多问一点点，就能如你所愿地解决问题并享受旅行了。

从不曾"人去楼空"的邓韦根城堡

坐上车，我们首先向西北方向开去，20 多英里后，抵达了坐落在 Waternish 半岛的邓韦根城堡。它是麦克劳德家族 800 年来的大本营，此家族是斯凯岛上皇帝的后代，随着时代变迁，他们仍旧是地方上的望族。而邓韦根城堡也是苏格兰一座最古老但一直有人居住、从未被废弃过的城堡。英国伊丽莎白二世女王和日本明仁天皇都曾经拜访过这座气势不凡的砂红色城堡。如今的城堡还有客房提供给客人小住，如果有人想要呼朋唤友地过来举办一场豪华的婚礼，也不在话下。

最难得的是邓韦根城堡不仅临海，而且还坐拥一座大花园，花园里有精心设计的小径、修剪成各种造型的树丛、品种珍稀的植物和花卉。虽然它是典型的英式园林，但要知道，由于岛上气候寒冷，海风大，很不利于植物的生存。因此，城堡的园林工人在世界各地的城堡参观取经后，花费了大量心血和心思，克服各种困难来培育和照料它们，才有了今天这座荟萃奇花异草的大花园。我们惬意地坐在园中的长椅上，享用起上海带来的零食，赏心悦目的植物让人身心放松，驾驶的紧张和疲劳随着海风一起远去了。

邓韦根城堡的一楼和二楼对外开放，光润的木地板、干净的红地毯，都让我们感受到这座城堡维护良好；而展览厅只能用富丽堂皇来形容，粉色的四壁配上同色系的沙发和地毯，墙上还挂着真人大小的油画。展示的物品中，有两样镇宅之宝：一是一面用中东丝绸做成的仙女旗（Fairy Flag），它的历史可以追溯到第一次十字军东征前的400年；还有就是邓韦根杯（Dunvegan Cup）了，一只镶满银边的牛角杯，小身材、大肚量，能“笑纳”1升酒。在麦克劳德家族有一个不成文的规定，新继位的“掌

邓韦根城堡一面临海

出海钓鱼喽

门人”一定得先干一牛角杯的酒，而且还得行走自如。不知道新的继位者事前需要练习多少次呢？

我们走到室外，伏在高而厚的城墙上向远处眺望，大海和滩涂一望无际、与天相连。在适宜的季节，邓韦根城堡游客中心会组织游客登上按照传统方式制作的小小木船，出海钓鱼，观察海豹等野生海洋动物。想必任何人偶遇上都会感到异常兴奋吧，那可不是哪里都能轻易安排的游程。

向下走，可以参观城堡中的两座地牢。插翅难飞的地牢中曾经关押过何许人呢？可能总觉得和地牢相关的事与人都不会令人愉快，以至于在去地牢的途中，我们不小心走岔了，两边的高墙夹着一条石板小路，将我们引向阵阵海浪声传来之处，但通向海边的栅栏门被“铁将军”牢牢把守住了。

石板小路通向大海

电影《男伴郎》(Made of Honor) 的室内拍摄全部在邓韦根城堡完成，外景则都取自斯凯岛，波特里的镜头特别多。美国姑娘汉娜在一次去英国出差时结识了一名英武的苏格兰青年，他们一见钟情。汉娜邀请相知 10 年的朋友汤姆充当伴郎，陪她去斯凯岛完婚。在斯凯岛的这段时间，汤姆眼看着汉娜慢慢地完成婚礼的各种准备工作，要永远离开自己了。汤姆突然醒悟，这 10 年里汉娜和自己就像左右手，自己开心或悲伤都有汉娜见证、陪伴和分享，这种平平淡淡如空气和水般的相亲相爱，不就是伟大爱情的最高境界吗？即将永远失去汉娜的汤姆还顿悟出，自己多年来走马灯似地换女友，其实唯一的衡量标准都是汉娜。关键时刻，汤姆策马飞奔到教堂向汉娜吐露心声，这对佳人终成眷属。自从电影公映后，选择这个特别的浪漫之地举行婚礼的各国新人越发多了起来，大家都向往“有情人终成眷属”啊！

朴素简单的乌伊格

告别邓韦根城堡后，我们继续驾车去特罗特尼斯半岛的一个港口——乌伊格。这里海湾的水面更宽阔、吃水更深，白色的码头呈大 L 形漂在蔚蓝色的海上，岸边

别了，乌伊格

向上绵延的是绿油油的农田和星星点点的浅色农庄，每当巨大的暗红色渡轮慢慢驶过海湾时，观者的记忆中都会留下一幅难以磨灭的生动影像。

码头边的停车场超大，但却几乎没有车位了。我只能慢慢地在其中逡巡，寻找车位。一名工作人员上来询问，得知我们是远道而来观海景，稍作停留就走后，指示我停在车队的尾巴处，离我们准备用午餐的餐厅非常近,而且“宽容”地免除了停车费。出门有热心好客的人相助，让人感到温暖而愉快!

乌伊格是斯凯岛上唯一一处的客运码头，可以搭船去北面的两个外岛，这儿的生活气息没有波特里浓厚，只有一个码头、一家餐厅、一家 B&B 和一间小宾馆，论规模，还算不上镇，基本没有游客光顾，都是通勤客在那里候船。

传统民居——黑屋

中午，我们坐在能180度扫视、纵览整个港口风景的The Pub at the Pier里吃三明治，味道的确不敢恭维。周围的客人大都是当地人或是来等候渡船的，他们大口喝着隔壁斯凯岛啤酒厂出产的淡啤酒，聊天、玩飞镖、打台球。斯凯啤酒厂是由两位在波特里执教的高中老师于1995年创立的，次年就开始对外供应啤酒，经过几年的发展，有十种不同口味的啤酒，现在不仅在英伦三岛销售，还出口到美国、加拿大、新西兰、日本和爱尔兰。

我们沐浴在阳光里，喝着茶，看着渡船进港，又载上“新人”离开。悠闲地用完餐，也轮到我们与乌伊格告别了。

博物馆的老当家人

继续向北，我们一直开到特罗特尼斯半岛北边的尽头，这里是斯凯岛风情博物馆，由十几间大大小小的“黑屋”组成，还原了岛上居民的原生态生活方式和当时的居住条件。小而矮的石屋用黑灰色石块垒成外墙和屋顶，虽然其貌不扬，但结实又挡风，是以前岛上的标准民居，窗户很少，室内采光非常不好。1.7米以上的参观者进进出出时都要小心，以免头撞在低矮的门框上。有的一栋房子属于一个家庭，卧室、客厅、厨房一通到底。有的是手工作坊，房间里陈列了许多粗糙的工具，再现了当时手工作坊的原貌。

斯凯岛博物馆的规模较小，基本不提供服务和讲解，其中一间石屋的小半间辟为办公室，只有一位白发苍苍的老先生坐镇。老先生身着绿色粗花呢西装，负责出售门票和纪念品，递给我们门票时，他始终无法控制双手的微颤。我们是该恭喜他——老当益壮，还坚守在工作岗位上呢，还是该同情他——晚年还需自食其力，不能在家中享儿孙福？不同的文化背景和社会环境下，社会现象如此迥异。或许，能胜任工作给予了他依然年轻着的感觉，并成为维系他与社会之间的纽带吧。

从博物馆往上走是 Kilmuir 墓地，女英雄 Flora MacDonald 就安息在那儿。当时，流亡海外的苏格兰王子查理回来后，就组织高地起义军与政府军展开激战，在一个小时内高地起义军全军覆没。在卡伦顿战役中战败的查理王子冲出重围后首先逃到斯凯岛，Flora 将王子装扮成她的女仆，设法帮他渡过了斯凯海并逃亡海外，自己却因此被投入伦敦塔中关押了一年。再往远眺，可以看见 Duntulm 城堡的废墟，这个城堡也属于麦克劳德家族，建于 14 世纪，在 1732 年时被弃用，此后大量石材被拆除去修建他们家族的 Monkstadt House。被遗弃的 Duntulm 城堡历经多次坍塌，只余残垣断壁在风中诉说着昔日的辉煌。

Duntulm 城堡

略显苍凉的田园风光

大海 · 农场 · 农舍

无穷无尽的海岸线和高耸入云的火山岩

公路沿着东海岸向南延伸，我们的左侧是大片的农场，背景是蔚蓝色的大海，浅色外墙的农舍和谐地点缀其间。由于气候寒冷、土地贫瘠，这里的田园风光略显苍凉，放眼望去几乎找不到任何农作物——因为土豆是长在地下的，让人难以觉察到它的存在。但茂盛的牧场将羊儿喂得又肥又壮，它们排着队从窄窄的公路上鱼贯而过。

排队过马路的羊群

我们右侧的山脊则完整记录了远古时期的每一次火山爆发，深褐色、灰色、浅灰色的火山岩层层叠叠，纵立面像打了褶的百褶裙。山脊下是杂草丛生的灌木丛，让我们想起《呼啸山庄》中描述的景象：灰暗的天空、阴森的城堡、一人高的野草丛中，传出猎狗低沉的咆哮声……

如百褶裙般的火山岩

大片荒芜的灌木丛

我们去看花、望海

不远处的草甸上开满了小小的紫色野花，在沧桑的背景中，显得越发娇嫩和珍贵。停好车，我们踩着厚实如毯的野草去看花、望海。太阳将碧蓝的大海染上一层宝石的光泽，草儿和花儿仰着脸享受着温暖。我们索性在草地上放肆地舒展开身体，体会阳光的恩泽，体验草儿的柔韧，呼吸花儿的幽香……

接着往前开，驶过 Staffin 不远就是 Kilt 岩石，海边一长排几乎垂直的悬崖绝壁有 200 英尺高，左侧还有一道瀑布汇入大海。每当我们身处壮丽的自然景色中时，都会被大自然的造物能力深深感动，敬畏和尊崇由心而生。而右侧草丛中，不知其名的烂漫野花冲淡了许多绝壁带来的凝重气氛。这些往复生长的植物，从什么时候开始见证这绝壁、飞瀑和大海的故事呢？

垂直的悬崖绝壁上挂了一道瀑布

烂漫的野花冲淡了绝壁的凝重气氛

海湾里游艇星罗棋布

告别 Kilt 岩石，我们驶向最后一个景点，老人石柱。路边一道小木门连着一条上山的小径，有几位着全套登山行头的青年正坐在树荫下休息。我们连忙请教他们,在哪儿才能看到老人石柱，他们说沿着小路一直向山上走，到山顶就看得到了，还轻松地说，我们现在上去正好看日落，一个来回需要五个小时。考虑到时间和体力，我们只能放弃了，因为下午 5 点前，我们一定要将车归还，明天是周日，租车公司也休息。再说了，我们连个指南针都没有，更不要说供徒步专用的地图了，不知深浅，不敢贸然行动啊！我有过一次在山里迷路的经验，那可不是件好玩的事。

与彩虹不期而遇

开车绕岛一周后，我们又回到了“家”，坐在门口的木桌上吹着小风歇息。海湾里的游艇星罗棋布，形成一道靓丽的风景。我

和小汤一边计划着后面的行程，一边想象着明天六个小时的长途车会是啥滋味。真的要离开了吗？在斯凯岛美丽又悠闲的日子即将过去？风光无限的岛国景色、绵长壮丽的海岸线、难以忘怀的海鲜和别具匠心的B&B，这一切带给我们的幸福感，一定会吸引我们以后再次上岛。

5点前将车归还到租赁公司后，公司还周到地派员工驾车将我们送回海港。突然，身边的小朋友们兴奋地喧闹起来，原来，一道绚丽的彩虹凌空而出，高架在两座丘陵上。在西方的民间故事中也有鹊桥相会吗？即使没有，美丽的彩虹，总会给人无尽的想象，成为美的象征，也成为我们这一天的完美结局……

7.20

多云的一天，让海的颜色加深了些许。用完早餐，我们与主人道别，踏上了去格拉斯哥的漫漫长路。

斯凯岛美丽又悠闲的日子

与彩虹不期而遇

第六感

行——大姑娘上轿头一回：开车靠左行

我们有过在美国自驾车的经历，对租车自驾轻车熟路，但是靠左驾驶还是人生第一回,有些不自信。但不开车的话，在斯凯岛上，一旦步出波特里镇，就真是寸步难行了，所以，我几乎没有选择。

坐进右侧的驾驶室，我系上保险带，将仪表盘和功能键都调试了一遍，又测试起刹车。小汤体会不到我忐忑的心情，已经在一边不耐烦地催促我上路了。掉头出院子时我竟不知道是要观察左边还是右边，迷失了方向。小汤安慰我不用担心，只要记住上路后沿左侧开，肯定错不了。

早上，公路上车少人更少，只有我一辆车时，确实没觉得有啥两样。可过了一会儿，对面方向来了一辆车，两车交汇时的一刹那，我就觉得右侧

Harbour View 餐厅

车身怎么离对方这么近，像是快要撞到了，以至于再有车过来时，我都会不由自主地向左边躲。小汤“老师”为我总结道，是因为我不习惯参照物的改变，坐在左驾驶室沿右行时，就没见我害怕过交汇车。

红灯停、绿灯行，靠左走，我慢慢地适应些了，开得悠哉悠哉地，经过了牧场、农田和乡镇，沿着环岛公路驶向西北方向的 Waternish 半岛，来到耸立在海边的邓韦根城堡。到停车场时，里面已经停了几车辆，我将车靠边倒进车位后，下车查看，轮胎离开目标线一尺开外。小汤又笑我，你这个“一停一个准儿”，今天有失水准了吧！是啊，驾驶员座位从左改到右，目测标志物向右看齐改为向左看齐，硬是让老司机碰到了新问题。

参观完城堡后我们继续向北，直抵特罗特尼斯半岛的最北端。正是夏天，两边牧场里的草疯长，齐人高，路也越开越窄，基本就是“单车道”。正担心与对方车道的车辆汇车时怎么办，对面的车道上就有一辆车停下来了，等我们先过去。开过去后，我发现他停的地方地势高，能先看到我们的车，而且是一段加宽的路面。于是我也就无师自通，看到对面有车影了，如果我们这边有加宽的道，我们就礼让，停下来等对方；同样，对方也会及时找到汇车点，停下来让我们先行。汇车时大家再相互打个招呼、问个好。一路上从未碰到一次两辆车像两头蛮牛般互不相让，顶起来的情形。单车道也畅通无阻，车速还不慢，让我们体会了不同驾驶环境、驾车风格的趣味性。

食——五年过去了，餐厅和佳肴依旧

在“Harbour View”餐厅入座后，我发现餐厅的一桌一椅都没有改变，还是小小的深色木头家具，在古铜色的壁灯

大幅彩绘玻璃画

蟹和虾

和吊灯的照映下，散发着柔和的光泽。小幅油画恰到好处地点缀在各处的墙上，描绘着附近的自然景色。最大的那张长桌可以供六人共餐，墙后挂着大幅记录波特里港风貌的彩绘玻璃风景画。

只是五年前，我和老汤在这儿用餐时，服务员清一色都是英国中年女士，周到而细心。毫不夸张地说，还未等你开口，她就能将你所想的调料等递到你的手中。而现在，服务生都是年轻人，听口音像从东欧国家过来的。这一次英国行，一路上感受最深的变化就是英国的服务行业大都被这些来自其他欧盟国家的年轻人占据了，在市场经济中，成本和利润总是主导商业发展的方向。欧盟成立后，各成员国的劳动力可以自由地选择在欧盟的任何一个国家工作，无需苛刻的工作签证。由于经济基础不同，东欧国家人员的工资要远远低于英国本土人士。

我驾轻就熟地点了芝士烤龙虾、用传统方法烹调的本地海鱼和让老汤一口气连续消灭两份的"蟹蛋糕"。"蟹蛋糕"就是将苏格兰特产的面包蟹的蟹肉、蟹黄分别剔出来，再塞满整个蟹壳。也许是色香味俱全的缘故，三道菜一上桌立刻就被我们消灭干净，都没有来得及配上美酒，拍照留念。吃完后，小汤也觉得"蟹蛋糕"最过瘾，看他意犹未尽的样子，我索性又点了两只。上菜时服务生说，厨师见我们又点了两份"蟹蛋糕"，还送了些大虾给我们尝尝鲜，真是意外收获！

住——首次入住温馨的英国传统式 B&B

我们住的 Coolin View Guest House 刚装修开业不久，也是由波特里镇上的老房子改建而成的。进门后是一个小巧的门厅，一楼右侧是客厅兼前台和办公室，在那儿一准找得到楼主。左手边是一个温馨的小餐厅，小小的两人桌上有新鲜的花草，衬得素色的台布越发雅致。入内是一个开放式厨房，摩登的厨房器具一应俱全。窄窄的、仅容一人上下的木楼梯通向二楼和三楼的客房，每个楼层有两间风景房面向波特里港，另外两间面向后面小巷。

推门入房，朝南的大窗分成四块上下移动开启的小窗，自然地将窗外的美景分割成四张明信片，港湾、丘陵、游艇、老房子、绿树、鲜花都囊括其中。小汤被窗外的无敌美景征服，向我请教，是如何找到这一地理位置绝佳、观景角度一流的 B&B，他可要多学着点儿，

Cooling View Guest House

方便以后独立出行。

两张标准床基本将房间占满了，床头柜和台灯都固定在床背的上方——减少占地；床对面的墙上用了搁板代替梳妆桌——利用空间；加宽设计的窗台上放了一托盘，茶具和水果如静物画般养眼，窗台代替了茶几——巧思妙想；角落里靠背椅权当沙发用，衣橱里安置了烫衣板和熨斗等——安排合理；狭长的洗手间内设施现代，而且还有一个1.8米长的大浴缸——意外惊喜。小汤里里外外参观完毕，对设计师因地制宜的设计佩服不已，也更深刻理解了何谓上海人常说的“螺丝壳里做道场”。遗憾的是由于空间局促，尝试多次都无法找到一个合理的角度，用相机定格小房间的大美丽。只能让美好留在自己的记忆中，任旁人去遐想和憧憬……

窗外美景被分割成四张明信片

建议路线

第一天：中午时分抵达波特里，入住一家窗外就是海港全景的 B&B，那种住下后就想无限延长假期的房间。然后痛快地去"Harbour View"餐厅吃一顿海鲜大餐（请提前订座），在赏心悦目的海港附近散步，顺道踱出镇外借好代步工具。

下午开车参观 Waternish 半岛的邓韦根城堡、针织厂、酿酒厂等。

第二天：用一天的时间驾车环游特罗特尼施半岛，从右路出发，先登高一睹老人石柱的风采，然后近观 Kilt 岩石，参观最北端的斯凯岛风情博物馆，在 Kilmuir 墓地追思女英雄，眺望 Duntulm 城堡，最后南下去乌伊格体会慢节奏的日子。回到波特里。

第三天：睡到自然醒，吃够海鲜后，离开。

G l a s

O W 格拉斯哥

走过...

7月20日

从波特里（Portree）乘长途车抵达格拉斯哥（Glasgow）

贸易大厅（Trades Hall）

现代艺术画廊（Gallery of Modern Art）

7月21日

乔治广场（George Square）

商业城（Merchant City）

格拉斯哥大教堂（Glasgow Cathedral）

圣门哥宗教生活和艺术博物馆（St Mungo Museum of Religious Life & Art）

Provand' s Lorship大楼（Provand' s Lorship）

发现查尔斯·伦尼·麦金托什：格拉斯哥艺术学院（The Glasgow School of Art）—苏格兰街道学校（Scotland Street School）—日报大楼（Daily Record Building）—灯塔楼（The Lighthouse）

7月22日

柳树茶馆（The Willow Tea Rooms）

市政厅（City Chambers）

斯特灵（Stirling）半日游

7月23日

离开格拉斯哥后途径卡莱尔（Carlisle），然后乘火车去湖区（The Lake District）的温德米尔（Windermere）

城市

创城市复兴之典范

格拉斯哥虽然不是苏格兰首府，但是苏格兰第一大城市和第一大商港，在全英国则名列第三。这座城市是围绕着格拉斯哥大教堂慢慢发展起来的，12 世纪时就有了与今日旗鼓相当的地位。1451 年，城市里兴建了著名的格拉斯哥大学。

早在 18 世纪，格拉斯哥是欧洲和美国之间烟草和白糖贸易的必经之路，经济快速增长。到 19 世纪，烟草贸易衰退后，蓬勃发展的纺织品制造、造船、原煤和钢铁工业继续维持着经济的发展。20 世纪初，格拉斯哥成为英国的军工业中心，为军方提供武器和船只。为此，"二战"期间受到敌方地毯式轰炸，城市遭到重创。战争结束后，因为供需关系的变化，它的港口运输和重工业都开始衰退。经济萧条时代来临时，以工人阶级为主体的格拉斯哥变成了失业和暴动的代名词。

20 世纪 80 年代中后期，许多金融公司入驻格拉斯哥，使它的经济发展有了新的起色。1990 年，格拉斯哥被选为"欧洲文化之都"；1999 年，它获得"建筑与设计之城"的称号；2003 年，它又被评为"欧洲体育之都"。借着这股城市复兴的浪潮，格拉斯哥重新成为欧洲旅游的精华城市，旅游业为它的经济发展做出了很大的贡献。

摆脱了贫穷和萧条后活力四射的格拉斯哥，最具代表性的两道风景是格拉斯哥大教堂和建筑天才查尔斯 · 伦尼 · 麦金托什留下的一些旷世杰作。

围绕着大教堂慢慢发展
起来的格拉斯哥

游历

坐落在乔治广场上的市政厅

7.20

告别海港小镇后再次进入大城市

开往格拉斯哥的长途巴士早早地在 Somerled 广场上等候乘客了。司机大叔将我们的箱子整齐地摆放在“车肚”里，车上干净整洁，无任何异味，座位间的空隙也较宽松。我们准点从波特里发车了。

天气尚可，沿途的景色比起我们来的那天吸引人眼球多了。再次经过 Eilean Donan 城堡时，意味着我们马上要离开斯凯岛了，心中不免有些惆怅。但转念一想，世上太多美好的东西都不可能永远拥有，但求体验和享受的幸福过程，也就释怀了。何况，还有更多难忘的英伦风光在等待着我们去发现和欣赏。

三个小时后，我们抵达了威廉堡，利用半个小时休息和用午餐。再上车后，又是三个小时，才终于到达格拉斯哥的汽车总站。一下子从一眼望得到头的小镇来到了大城市，看着手中的地图，我们有些迷失方向了。热心的路人关切地问我们需要帮忙吗，然后指给我们宾馆的大致方位，并不远，只有 10 分钟左右的步行路程。

谢过热心人，我们推着箱子往宾馆方向走去，路过皇后街火车站和塑像众多的乔治广场时，也未停留脚步，因为时间不早了，最好先去游客中心报道。在游客中心，我们照例拿了一些最新的游览资料，在确定格拉斯哥的主要景点都分布在乔治广场附近，从我们酒店出发均在步行 15 分钟的范围之内后，我们更坚定了先去入住酒店的选择。

初探格拉斯哥商业城地区

在我的印象中，英国人在小事上比较斤斤计较。比如在斯凯岛租车自驾时，店员特意关照我还车时一定要加满油，不然少一升都是要罚款的。但在美国，一般游客拿到的都是满油箱的车，而还车时则不必如此。同样在美国，酒店大都提供免费上网服务，可在英国，酒店提供的网络服务每 24 小时要收费 20 英镑，也太贵了。我们觉得无法接受，决定去街上找网吧，解决手头需要处理的事项。

我们入住了一间时尚风格的酒店：Ramada Glasgow City，它坐落在商业城地区，1605 年起，格拉斯哥的商务贸易就在这里起步。走出酒店，左右都是精美的名品店，其中，一栋由石砖和石条砌成外墙的三层楼建筑吸引了我，它的屋顶还有大大小小几个像钟塔一样的可爱“葱

贸易大厅

GALLERY OF MODERN ART
Forever Changes
Jim Lambie
FREE Entry
11 April-
29 September
GoMA
GALLERY OF MODERN ART

现代艺术画廊

头”。这是位于商业城心脏地带的贸易大厅，是格拉斯哥最重要的历史建筑之一，它由14位商人联合发起建造，其宗旨是为商业城的商人们提供一个开会和交流的场所。如今它还不辱使命，承担着召开商务会议的任务，同时也对外接受游客参观，并提供租赁业务或供客人在此举行婚礼等。这座建筑也出自建筑师罗伯特·亚当之手（关于他的成就已在爱丁堡篇中介绍过），成为他晚年的收官之作，也是在格拉斯哥仅存的规模最大的建筑作品。1791年，罗伯特·亚当接受命令，开始设计和建造贸易大厅，可惜在完工前的两年驾鹤西去，未能看到自己的遗世杰作；1794年，在他两位兄弟的监管下，贸易大厅顺利完工。

继续朝西，走到皇家交易广场，一座雄伟的18世纪新古典主义的建筑令四周其他建筑都黯然失色。它借鉴了希腊帕台农神庙的建筑风格，粗大的石柱撑起多条高高的长廊，分布在建筑外围。自1996年起，这座古典建筑被用作现代艺术画廊，不定期展出的顶尖作品中，囊括绘画、雕塑、版画、摄影、录像及装置等。在苏格兰地区，这座现代艺术馆最受游客的青睐。

再向西就是英国的大型连锁书店Borders，这座三层楼的超大书店内还入驻了一家星巴克。在店员的指点下，我们出门右拐，找到了一间明亮、干净的网吧，1.5镑可以上网1小时，且这1小时可以分多次累积计时。实惠的价格配上合理的计价方式令我们倍感轻松，如果只是查收一下邮件的话，也许1.5镑可以让我们应付几天的上网需求。合适的价格和怡人的环境与服务，让我们心情舒畅地在那儿畅游互联网。

乔治广场和与时俱进的商业城

早晨，我们买好早点，穿过马路，来到乔治广场，坐在长椅上慢慢享用美食——好像许多电影里常见的镜头。邻座的人用完早餐后，还耐心地用面包逗引鸽子，几乎引来了广场上的整个鸽群。

足球场大小的乔治广场上，不仅有维多利亚女王的塑像，也竖立了众多当地著名人物的塑像，如出生在格拉斯哥的蒸

自得其乐的喂鸽人

高高在上的维多利亚女王

汽机发明者詹姆斯·瓦特、让当时法国对手闻风丧胆的将军约翰·摩尔爵士，以及苏格兰著名诗人罗伯特·彭斯等，提升了这个露天广场的品位。战争纪念碑则由一对巨大的狮子默默地守护着。

在乔治广场稍作停留后，我们继续向东，穿越格拉斯哥 18 世纪繁荣时期的心脏地带——商业城，经过英格拉姆广场后，就到了头上“戴”着顶的商业广场。它曾经是格拉斯哥的水果市场，现在则处处是小餐厅和酒吧，热闹非凡。当年，经营烟草、朗姆酒和白糖的企业家们从进出口贸易中获利丰厚，纷纷在商业城修建了许多富丽堂皇、风格各异的豪宅，这些宅邸如今大多改建成时兴的公寓、酒吧和餐厅，重新赋予了时尚的含义。也因此，建筑风格迥异的商业城，眼下是时髦人士就餐、品酒和会友的先锋地带了。

苏格兰仅存的中世纪大教堂——格拉斯哥大教堂

维多利亚女王执政时期是格拉斯哥的鼎盛时期，不仅贸易活跃，还跻身维多利亚时代大英帝国第二大城市，据说当时全世界的轮船和火车大多产于此。在通向格拉斯哥大教堂的幽静小路上，维多利亚女王的塑像便端坐在一栋老楼的阳台外，安详地注视着这个城市的变迁和兴衰。

公元 397 年，在这片神圣的土地上曾为圣尼尼安举行隆重的基督教葬礼。6 世纪时，圣蒙哥在此建立并命名了格拉斯哥这座城市。为纪念他，1136 年，人们开始在圣地上为其建造大教堂，也就是我们今天看到的格拉斯哥大教堂。格拉斯哥大教堂是典型的哥特式教堂，也是苏格兰境内唯一历经激烈社会变革后幸存下来的中世纪教堂——只有西塔被毁。如今保留的部分，建筑的历史都可以追溯到 15 世纪。

格拉斯哥大教堂

大教堂内大小拱形相套

以大小不一的石块为原材料建筑的教堂，拥有线条优美的拱顶、色彩绚烂的彩绘玻璃窗棂、巨大的管风琴和代表“七重罪”的七对石像等。当然，最特别的是它建有下层教堂，安置着圣蒙哥和其他圣人的石棺。沿着楼梯，我们向教堂地下室走去，被柱子支撑起的下层教堂不大，就建于圣蒙哥之墓的上方，充满了强烈的宗教气氛，是中世纪时期的朝圣中心。人们静静地仰望穹顶，怀着敬意细细地阅读石棺和石碑上留下的文字，神秘的气氛始终环绕四周，但并不感到丝毫阴森和恐怖。

不知哪位名人安息在此

小小镜头只能记录我们之所见，无法表达我们之所感，此时此刻文字也显现了无能为力的一面，不能完全传递我们仰望穹顶时被出神入化的雕塑所震撼、在下层教堂被宗教气氛所感染的情绪波动。好多瞬间的个人感悟只能意会，无法言传！当我们亲临某些历史沉淀深厚的圣地，内心深处麻木了的神经往往会被庄严、祥和的气氛、妙不可言的设计、巧夺天工的雕刻工艺等触动，不同的感动、感慨、感悟在心中翻腾。

参观完大教堂后，我们来到室外。大教堂的后面是大墓地，草地上密密麻麻地挤着各种造型的石棺，将人生在此定格。要知道，只有格拉斯哥的富贵名流才能在死后跻身此地，因此，已故名人的铭文和沧桑石棺上特别的图案，吸引着不少游客驻足细看。

不同信仰在这里和谐相处

从教堂出来穿过一条马路，就是一栋体现石头本色的建筑——圣门哥宗教生活和艺术博物馆。这座博物馆90年代初期由一个旧主教殿改建而

圣门哥宗教生活和艺术博物馆

成，花费650万英镑。它的展览室外还有一座禅宗佛教花园，小小的一方天地，让来者的身和心都享受到片刻天堂般的宁静。它在英国也拔得头筹，开了修建禅宗花园的先河。

博物馆内展出了不同宗教派别的艺术品，这些艺术品表现了各宗教派别对生死和婚姻的不同态度，包括基督教、伊斯兰教、佛教、犹太教、印度教等。在同一屋檐下让它们齐聚一堂，本身就是一个大胆的尝试，这种形式模糊了不同信仰间的分界线、宗

格拉斯哥最古老的民居

教和艺术间的分界线。主陈列室内，仔细观赏超现实主义艺术家达利的作品《十字架上的约翰》的游客最多，富有感染力的巨幅作品带着一丝忧郁。

展馆对面的Provand's Lorship大楼是格拉斯哥仅存的最古老的民居，始建于1471年，最初是圣尼古拉医院牧师的住宅，现在是苏格兰15世纪民居代表作。门和天花板低矮，屋内摆设着结实的橡木家具，屋后还有一个象征性的中世纪花园。

发现查尔斯·伦尼·麦金托什

因为小小镜头无法表现出格拉斯哥大教堂高得不可思议的穹顶，无法刻画大小拱形相连、相套的奇迹，我们就在纪念品柜台前寻找明信片等，以作纪念。结果却发现一套与大教堂无关的明信片，图片内容与我在爱丁堡买的彩绘玫瑰玻璃相架如出一辙，也是苏格兰设计师查尔斯·伦尼·麦金托什的作品。大师用变异的线条勾画出的玫瑰深深打动了我，让我出门后在第一站就买下了沉沉的玻璃相框，一路相伴左右。

为无意间发现了自己喜爱的艺术大师兴奋不已，午休时，我对照一本介绍册，一直在研究他的生平和大作。大师喜欢用又细又长、几何线条的新艺术表现形式来设计建筑和家具，还时常糅入些日本绘画的风格。1896 年，他 27 岁时，在参加设计艺术学院在 Renfrew 街的新建筑比赛中脱颖而出，其作品被认为是英国最早的新艺术主义建筑，设计的建筑充分体现了大师将功能利用和设计风格相结合的技巧。从 1893 年至 1903 年，出身在格拉斯哥的大师为家乡留下了 17 处建筑作品，在家乡以外留下了三处，但是当时在苏格兰建筑界并没有得到广泛认可，虽然他已在欧洲得到许多赞誉。1914 年，大师迁居伦敦，主攻家具设计。从 1928 年算起，直至大师去世 50 年后，他的艺术天赋才在家乡和全球得到重视和尊重——被誉为苏格兰最杰出的建筑家、艺术家和设计师。

对于艺术品的鉴赏，时间就是一部淘沙器，滤掉了哗众取巧的低俗作品，在漫长的人类文明史上留下无数旷世杰

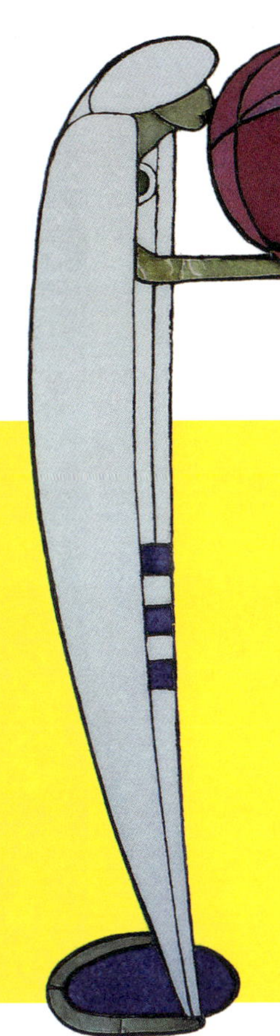
麦金托什作品一

作。只是残酷的功利社会对作者太不公平，许多艺术大师由于生前作品不被当时社会接受而得不到应有的认可和尊重，且大多生活艰辛，查尔斯·伦尼·麦金托什也是其中一员。

简单了解了大师的生平和几幅绘画代表作后，他的独特风格深深打动了我的心，于是我动员小汤略微改变一下下午的行程，以寻访大师留给格拉斯哥的建筑作品为主线，满足我观赏不同风格建筑物的癖好。

旅行时，在各处名胜古迹逐一报到，并留下到此一游的标准纪念照，原本就不是我们出行的目的。探索和体会每个国家、城市间不同的自然风景、建筑特色、风土人情、生活方式和享受当地美食，才是终极目标。除了去一些极具代表性的景点外，我们经常会结合个人爱好有的放矢。而这些“非主流参观”往往也会给我们带来意料之外的惊喜，甚至一生难忘，就像这次探访查尔斯·伦尼·麦金托什的作品之旅。

格拉斯哥艺术学院的魅力折服了 90 后

午饭后，我们首先去拜访格拉斯哥艺术学院。一个半世纪的时间，已将艺术学院土黄色的原色外墙染成了不规则的黄、灰和黑。因为查尔斯·伦尼·麦金托什重视引导自然光线入室，他在设计中运用了大量窗户，有的几乎就像是玻璃幕墙。连小汤都觉得这栋老建筑看上去极具现代感、超酷，一点都不是他脑海中19世纪建筑的样式。他总结道，怪不得在当时大师不被认可，因为他的作品太前卫了，就是一个典型的叛逆愤青。

午后，斜斜的光线将土黄色大楼染成金色，是拍照和绘画的最佳时刻。一位头发灰白的老师带着一些学生，对着大师的杰作在画素描，他们手握粗粗的炭笔芯，跃然纸上的图形看上去抽象而粗犷，他们是在用一种不同寻常的方式表现这栋大楼特殊气质吧！我们站在安静的、游人稀少的街道上，置身于追求艺术的师生之间，欣赏着这座新艺术主义的代表作：一百多年前，怪杰查尔斯·伦尼·麦金托什的灵感来自何方？

格拉斯哥艺术学院

阳光下作画的老师

格拉斯哥艺术学院入口处

深深折服于大师超现代的设计理念，然后恍然大悟，为什么会在 1973 年成立查尔斯·伦尼·麦金托什协会，并吸引了全球的建筑爱好者入会，还在各大城市设立分支机构。因为他的不同寻常、抽象简洁、个人烙印鲜明的后现代风格的建筑作品，实在如一股春风，让观者耳目一新。设在格拉斯哥的查尔斯·伦尼·麦金托什协会中心不仅组织会员间的交流活动，还安排非会员周末专程来格拉斯哥参观大师的作品，是建筑设计迷们的欢乐俱乐部。

左拐，小小的学院大门映入眼帘，我俩抬头看到门梁正中的

经此步入艺术的殿堂

装饰图案，相视会心一笑，都认出了查尔斯 · 伦尼 · 麦金托什的艺术语言。入内后，左边就是游客中心，小黑板上列有在向导带领下参观学校的时间表，整个过程将持续一个小时。因为这栋楼建成后始终供艺术学院使用着，所以只有部分对外开放参观。为了避免打扰在校上课的师生，游客不得自行入内参观。不巧的是我们刚错过了向导带队游览的时间，下一轮还要等一个小时，为了不影响后面的游程，只能无可奈何地放弃了。

对过门而不入，我已经不那么耿耿于怀了，它是我们他日故

日报大楼

标新立异的 L 型设计

灯塔楼

细长线条是大师独创的艺术语言

格拉斯哥街道学校

地重游的最佳借口。错过,其实是下一个动人开始的酝酿。事实上一切都非常公平，老天让我毫不费力地“找到了”查尔斯·伦尼·麦金托什，体验到欣赏心爱之物的快乐;他也要劳我的筋骨和心，花费更多的时间和精力，慢慢地去寻访、去圆心中的梦。也许哪一天，我也会加入查尔斯·伦尼·麦金托什协会，与志同道合者一起去解读、研究大师的艺术语言。

在苏格兰街道学校用下午茶

离开格拉斯哥艺术学院后，我们选择先远后近的游览方式，首先乘地铁去苏格兰街道学校参观。这是查尔斯·伦尼·麦金托什在格拉斯哥接受的最后一个重要设计任务，这个作品充分展示了他成熟的设计天分。同时我们还可以尝试一下继伦敦和布达佩斯后世界上第三悠久的格拉斯哥地铁系统，它可在 1896 年 12 月 14 日就启用了。地铁全程单一票价，因为在 1977 年进行过大规模的现代化改进，车站和设施等都较现代化。但是格拉斯哥地表下都是坚硬的岩石层，特殊的地质条件限制了地铁规模的继续扩展。

出了地铁，从地下隧道过马路，几分钟后，我们就站在苏格兰街道学校的对面了。隔开一条马路，可以用镜头囊括该建筑的全景，大师对学校入口处的设计就令人赞叹，两侧红砖砌成月亮形门洞，延伸的围墙部分让人联想到城墙,兼具防护和隔断视线的功用。遐想一下当年，马车从月亮门驶入，停在内院，学生或是老师，从马车上下来后步入明亮、宽敞、大气的三层楼高的学校，朗朗书声传得远远的……

麦金托什作品二

学校内，外形中规中矩的大楼以黄色石砖筑成，大窗被隔成雅致的小方格，左右两边对称的笔形塔采用了落地窗的设计，深墨绿色的斜坡屋顶避免了排水不畅引起渗漏的尴尬，屋顶两侧设计隐蔽和美观的烟囱保证了冬季壁炉的使用。在窗框、屋檐、玻璃、扶手、吊灯等小细节上，可以找到许多特殊的细长线条构成的图案，它们用查尔斯·伦尼·麦金托什的艺术语言讲述着同一个主题。

学校在 20 世纪 70 年代就关闭了，现在作为博物馆使用，展示了从 1872 年到 20 世纪晚期格拉斯哥教育系统的状况，并且还保留了三个重新装饰过的教室，以供参观。设计爱好者在欣赏完大师提高空间利用率、增强采光度的典范设计后，可以在博物馆提供的电脑屏幕上小试身手。而我们参观完后，就坐在窗边的阳光下喝茶、吃冰淇淋，细细感受一下这栋建筑的好，把玩手中为老汤买的纪念版领带——查尔斯·伦尼·麦金托什风格的玫瑰爬满了整条粉色丝质领带，娇嫩但不带一丝脂粉气。

日报大楼和灯塔楼的超常之美

搭地铁回到市中心，先去看了中央火车站北面的日报大楼，它造型呈奇特的L形，打破了一般建筑四平八稳、左右对称的设计方式。查尔斯·伦尼·麦金托什还选择了罕见的白色光滑墙砖作外墙面，凸形窗最大限度地引进了自然光线。在不设窗户的墙面上，大师顽皮地用不同颜色的墙砖拼成三角形图案，再用深色砖勾勒出点状线条，与墙体共同组成了他常用的像铅笔似的、塔状的标志性设计元素。遗憾的是这栋大楼归报社使用，不提供内部的参观服务，我们只能远远地在马路上欣赏它，它不属于壮观的建筑，但绝对让人过目不忘。

麦金托什作品三

杂乱中的美丽乐章

灯塔内盘旋而上的楼梯

除了日报大楼外，还有另一幢报社大楼也留下了大师的印痕。查尔斯·伦尼·麦金托什还是学徒的时候，就参与了格拉斯哥先驱者报社大楼的建设工作。1999年，大楼修整后更名为灯塔楼，楼下作为先锋新艺术设计展览中心，经常举办关于建筑、设计之类的展览，附设的麦金托什中心以各种形式展示和介绍了大师的作品。到今天，灯塔还是耸立在楼顶。沿着盘旋上升的楼梯登高至此，可以从一个全新的角度俯视格拉斯哥，搜寻和体会格拉斯哥城市建筑杂乱中的美丽乐章。

柳树茶馆偶遇志同道合者

虽然昨天观看了几处查尔斯·伦尼·麦金托什的作品，但还是觉得意犹未尽，于是，今天我又独自早起，去访问大师唯一为这座城市设计的柳树茶馆。

清晨，尚未苏醒的格拉斯哥街头人迹稀少，缺少游客点缀的城市更接近它本来的面目：不是太现代——没有时髦的高楼大厦；有点凌乱的美——美丽的维多利亚时代风格的建筑与丑陋的 20 世纪 50 年代的水泥建筑相依相伴；建筑语言丰富——传统的古典建筑、富有设计感的新艺术主义建筑和呆板的火柴盒建筑鳞次栉比。

找对了门牌号，可是不见柳树茶室的踪迹。在路人的指点下，我才发现茶馆是在二楼，需走入一家商铺，沿楼梯上楼后，才重新看到茶馆的招牌。因为还早，茶馆里只有寥寥几位顾客，非常适宜拍照留念。印有大师花卉作品的彩绘玻璃被用来装饰整个茶室的墙面。大师的代表作之一高背椅是款待客人用的，桌上的纸巾盒等小物件都充满了大师的艺术符号，并且全部是深深浅浅的紫色系列，连小餐桌上摆放的鲜花也是淡紫色。大小物件相互映衬、协调相处，现代而独特的整体内装饰设计让我大开眼界。

100 yards
Renfield Street
TO LET
M'KEAN
McGill's
Tel: 08000 51 56 51
McGill's
Smoothie

尚未苏醒的的格拉斯哥

平稳的传统建筑

优雅的柳树茶馆

极具设计感的另类建筑

不过，我觉得这里的点心和咖啡的味道都很一般，而来的客人大多像我一样，醉翁之意不在酒，左顾右盼地忙着拍照留念。不经意间，发现邻座一位女士手捧一只与我一模一样的徕卡相机，相视一笑后她告诉我这位使用徕卡相机十几年的骨灰级粉丝，她是德国人，也是一位徕卡相机迷。在异国他乡巧遇有共同喜好的陌路人，温馨又难忘。

用过早点后，我又向不远处的格拉斯哥艺术学院走去，想再次尝试进入校园内参观。在大门口又看到那位德国女士的背影，看来我们俩不仅都是徕卡相机的粉丝，还都是查尔斯·伦尼·麦金托什的粉丝。此时此刻，脑海中又浮现出她高挑的个子、黑色的披肩卷发和浅浅的笑容，或许她有时也会想起柳树茶馆和黑色直发的我……

马赛克拼就的城徽

市政厅内的大理石让人叹为观止

在乔治广场东侧，一座华丽的意大利文艺复兴风格的建筑是广场上最亮丽的一道风景线。这座建筑建成初期只有 5016 平方米；1923 年，完成了部分扩建工作；1984 年，交易大厅在乔治街上相继落成后，整个巨大的建筑群占地 14000 平方米。自 1889 年起，它就成为格拉斯哥的市政厅，1996 年后，又充当了该市的市议会总部。

这座赫赫有名的建筑由建筑师威廉· 杨设计，建于 1882 年至 1888 年期间，是维多利亚时代市政建筑的著名例证，庄重的设计和华丽的装饰表达了大英帝国盛世时期殷实又富庶的国力。完工后，维多利亚女王在 1888 年 8 月亲自来到格拉斯哥，出席揭幕式并为其剪彩。1889 年 10 月，市议会在市政厅内召开第一次会议。

当我们得知市政厅向游客提供每天两次的免费游览时，就抱着绝不错过超值盛宴的心态，准时来到市政厅大堂报道。进门后，大厅地板上马赛克拼就的大幅彩色城徽就将我们震住了，个子比我高的小汤尝试多遍，也无法将整个图案纳入镜头。它记载了开元圣人圣蒙哥和四种吉祥物的传说，有古诗记载道：

这是永远不会飞的鸟，
这是永远长不高的树，
这是永远也不游的鱼，
这是永远也不响的钟……

大厅内立有两根两米多高直达天花板的大理石柱子，周围的玻璃匣子里陈列了一些格拉斯哥收到的礼物等，舒适的沙发和桌椅是特意为等候参观的游客准备的。大厅左边缓缓向上通往二楼的大理石楼梯，是世界上最宽大、气派的天然大理石台阶，在各种影片中上镜率颇高，据工作人员介绍，许多影片中描绘梵蒂冈的镜头都是出自此建筑。

三楼雅致的淡色系列

四楼庄重的深色系列

深褐色和浅褐色大理石的过渡

10 点半，在工作人员的带领下，我们登上了右边的工作楼梯开始上楼参观。市政厅有四层，二楼是办公区域不对外开放。三楼和四楼宽阔的楼梯、粗大的立柱、华丽的护墙、半圆形拱门、精心雕琢的护栏等，都取材于质量上乘、具有自然花纹的卡拉拉大理石。当时的工匠出于美观考虑，还细致地挑选出纹路图案一致的大片大理石用作护墙板，远看它们就如一幅幅烟雨迷蒙的水墨画栩栩如生。整个三楼采用了雅致的浅色系列大理石，浅褐色、米色、象牙白为主；而整个四楼则采用了庄重的深色系列大理石，黑色、深褐色、浅褐色为主；三楼和四楼之间用它们共有的深褐色和同色系的浅褐色大理石自然过渡和衔接。

抵达三楼后，工作人员带领我们逐一参观了五处大小不一、风格迥异的厅：

宴会厅，有 16 米高、25 米长和 12 米宽，可供 300 位嘉宾共进晚宴，移走地上四块地毯后客人可以在木质地板上跳舞。描绘了格拉斯哥历史故事的巨幅壁画环绕在四周的墙上，巨大的水晶吊灯和华丽的彩色玻璃窗户让整个大厅熠熠生辉。

桃木屋，作为展览室使用的长方形屋子，墙上全部是深褐色的古巴桃木和艳丽的挂毯，大号的老壁炉旁还安置了一架钢琴，也可以用作酒吧，与宴会厅一起款待来宾。

椴木屋，小巧的它仅能供 80 人用晚宴，全部用雕刻精良的椴木来装饰，这些取自昆士兰的椴木如今已经绝迹了，沿街三扇大窗将乔治广场的美景一起纳入。

八角亭，位于桃木屋和椴木屋之间，没有从门廊直达它的门，只能通过桃木屋或椴木屋进出，小巧如内室般的房屋有两扇窗户分别对着乔治广场和乔治大街。

市议会厅，庄严的它统一由深色、油亮的木板来装饰，市议院院长的椅子在正前方，对面分成两块区域，每个区域由六排从低到高的皮椅组成市议会席，高高的穹顶下的大厅也有两个巨大的壁炉。

但四楼又是另外一种风貌，整个楼层是展览历任市议会会长肖像画的大展厅。墙体和天花板用浮雕式粉白相间的石膏装饰配金叶子，有一处用了英国顶级瓷器 Wedgwood 的专用天蓝色配白色，称作“Wedgwood 天花板”。

我们离开市政厅后，暂别格拉斯哥半日，乘火车去斯特灵游玩和访友，然后再返回格拉斯哥。小小的斯特灵在苏格兰历史上有着举足轻重的地位。

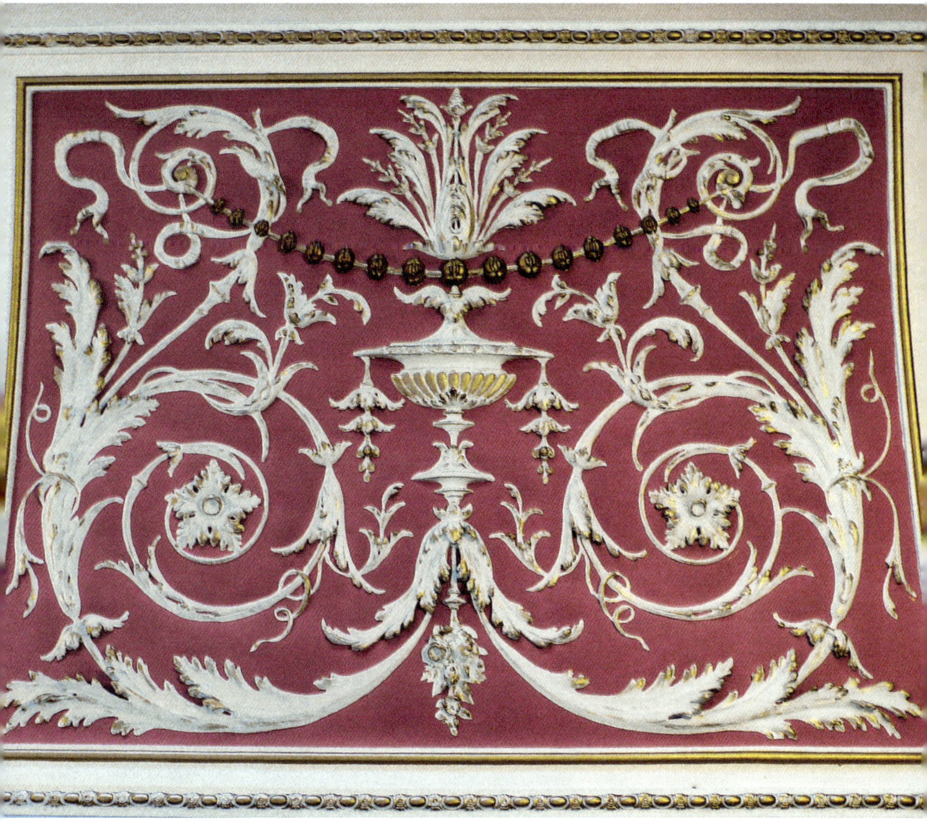

浮雕式粉白相间的石膏装饰

7.23

退房，去不远处的中央火车站。我们将告别苏格兰，南下英格兰。

第六感

行——乘长途车被女调度“做规矩”

从波特里出发三个小时后抵达威廉堡，司机停车后，让我们修整半小时再出发。车站隔壁就是一个大大的超市，附带一个快餐厅，我们速战速决地吃了午餐，利用余下的时间向镇上走去。

威廉堡坐落在Linnhe湖畔，整个小镇面朝着湖，背靠本尼维斯山脉，是登山爱好者攀登英国境内最高峰的大本营。格兰尼维斯峡谷从小镇的北端开始缓缓向西延伸，因此也吸引了许多徒步爱好者积聚在此，他们或穿越峡谷去古天文台废墟追思过去，或登高后俯瞰川流不息的河流和静若处子般的湖泊。

我们在湖畔散着步，被小镇吸引，想多停留一会儿。虽然我们没有充足的时间去徒步或爬山，但可以参观西高地博物馆，可在湖畔享受一下湖光山色，喝杯咖啡，然后再搭下一班车去格拉斯哥。回车站跟司机协商，司机大叔倒是没意见，但他让我们再跟调度沟通，不然等一会儿我们再上车会有麻烦。没料到女调度员听完我们的计划后坚决不同意，说我们如果想改乘下一班车，就请重新买车票吧！

失望之余，也让我们明白了长途汽车虽然像火车一样不需要对号入座，但是需要对车次上车，没有搭乘火车那么自由，在许可的时间段内可以任意选乘不同的车次。

食——难改中国式的胃

离开爱丁堡后的这些天，我们顿顿吃西餐，因为一路上也没有看到过中餐厅。在小镇时入乡随俗，抓住机会大吃特吃苏格兰海鲜，似乎没有思念过中餐。然而，在格拉斯哥中央车站附近，当我第一眼看到湘菜馆、火锅店和中餐厅的招牌时，立刻思念起了米饭。小汤听说了我的重大发现后，也脱口而出道：那今晚咱们可以享用中餐了！

根据以往在国外的经验，有时去中餐馆点菜会有些麻烦，因为一些被西化了的餐厅不仅菜的口味倾向于西方人，点菜的方式也与点西餐相似，弄得我们中国人反倒不适应了，于是决定还是自助餐吃起来随性，人均消费也低，一般10英镑之内可以搞定。

我们去的这家自助中餐厅晚饭时分上座率七成，有我想吃的炒绿叶菜、炒素，有小汤喜欢的叉烧、烤鸡腿，还有令我俩满意的众多海鲜：青口、大虾、青蟹、三文鱼和其他叫不出名的海鱼，炒面、米饭、水果和甜点琳琅满目，最后还可以来些不同口味的冰淇淋。合理的价格和丰富的菜肴，吸引我们在两天内光顾了三次，我们中国式的胃这辈子恐难改变了。

建议路线

第一天：中午时分抵达入住宾馆后，从乔治广场出发，沿乔治大街先去格拉斯哥大教堂，然后参观圣门哥宗教生活和艺术博物馆与Provand’s Lorship大楼。返回时穿过商业城，在喜欢的咖啡馆或酒吧小憩一会儿，之后继续参观贸易大厅和谢里夫宫。接着向西去皇家交易广场上的现代美术馆。傍晚时，顺道在中央车站附近选一家中餐厅用晚餐。

第二天：睡醒后离开。或去格拉斯哥市区外的各大博物馆参观，然后当日或次日离开。

对建筑设计特别感兴趣的人士：
第N天：按照游客中心提供的查尔斯·伦尼·麦金托什留下的建筑分布地图，或联系查尔斯·伦尼·麦金托什协会中心，逐一参观大师的杰作。

Stir

ing 斯特灵

走过…

7月22日

上午从格拉斯哥乘火车抵达斯特灵（Stirling）
老城（Old Town）
斯特灵城堡（Stirling Castle）
阿盖尔大宅（Argyll's Lodging）
老城监狱（Old Town Jail）
傍晚离开斯特灵乘火车回到格拉斯哥（Glasgow）

城市

历史地位显赫的苏格兰名城

斯特灵在苏格兰历史上的地位显赫，在爱丁堡成为苏格兰首府前，它一度是苏格兰王国的首都与政治、商业和工业中心。12 世纪时，被大卫一世封为皇家自治市，并获得其后历任君主的再承认。但是英格兰与苏格兰统一后,斯特灵的特殊地位被爱丁堡替代了。2002 年，英国女王伊丽莎白二世登基 50 周年庆时，向斯特灵颁发授权书，再次破格升它为自治市。

从地理位置来看，斯特灵是苏格兰高地和低地之间的枢纽，许多场英国历史上的重大战役都发生在此，如斯特灵大桥之战和班诺克本之战。著名电影《勇敢的心》根据当时发生在战场上的英雄事迹，塑造了一位为追求自由而浴血奋战的民族英雄——威廉 · 华莱士，田野里高耸着的华莱士国家纪念碑，让我们永远怀念这位勇士。

田野里高耸的华莱士国家纪念碑

一座原汁原味的苏格兰老镇

游历

斯特灵老城

离开格拉斯哥市政厅后，我们匆匆向西赶去皇后街火车站，这个车站负责运行通往苏格兰境内其他城市的火车，而我们的目的地是历史地位显赫的小城市——斯特灵。我在上海交通大学的同窗好友们年前都已远赴斯特灵大学攻读他们的研究生学位了，在他们离开上海时我们就约定，当我夏天游历英国时，一定去斯特灵探望他们。

出了斯特灵火车站，过马路就是斯特灵老城了。鹅卵石铺成的老街以广场为中心，交错地向四周发散出去，尖顶教堂、15 世纪至 17 世纪的典范建筑和让斯特灵人骄傲的酒吧布满了步行街两旁，组成一个原汁原味的苏格兰老镇。也许，年轻人会抱怨它太不时尚，在商店里找

左边的田园风光

不到一线名牌；也许，年轻人会嫌弃它太小，凭借“11路”(步行)，哪儿就都能去了——但这样的小镇何尝不是一些人的最爱呢？我们在超市买了简单的午餐，不急不躁地坐在小小广场上，边享用食物边领略阳光下的小镇风情。

英国保存最好的中世纪城堡之一

斯特灵城堡位于该市最高的一处峭壁上，是英国现存最好的中世纪城堡之一，我们甚至觉得它比爱丁堡更具观赏性。一般游客都是乘车直达城堡门口，我们却别出心裁地选择从老城徒步出发，沿着全苏格兰保存最好、最

右边的威武城墙

完整的城墙登顶。城墙下，寂静的小径左边就是山崖，向远处望去，那儿似农田又似森林公园，浅灰色的英式农庄点缀其间。上山途中没有遇到其他游客，却时不时碰见当地人抄近路归家。我们俩独霸树影婆娑的小道，奢侈地享受着左手边的田园风光和右手边的伟岸城墙，为自己独辟的"蹊径"窃喜不已。

米字旗迎风招展

小径尽头的坡道上，黑灰色的斯特灵城堡入口处，米字旗迎风招展，欢迎远道而来的八方宾客。厚实宽阔的城墙将斯特灵城堡围得密不透风，我们兴致勃勃地登上城墙远眺，掩映在四周富饶乡间的民居都是灰色石砌建筑，不如我们白墙黑瓦的徽派建筑那么醒目，但是它们更实用、牢固，经得起风吹雨打。

厚实宽阔的城墙

游客在城墙上饶有兴趣地按图索骥

城墙二楼是眺望台和炮台，一楼营房等改建成了展览中心和还原旧貌的大厨房。展览中心讲述了斯特灵城堡的历史：14 世纪末它成为斯图亚特君主们的寝宫；在詹姆斯五世统治时期，又由法国工匠修缮一新，华丽的织锦画和家具将整个城堡打造成王族贵胄的享乐天堂。大厨房内琳琅满目的食物和忙碌的身影，可以最大限度地激发你我的想象力：那时水晶吊灯下盛装的皇亲国戚该是如何夜夜笙歌、觥筹交错呢？

忙碌的大厨房

皇家小教堂

木拱顶

城堡内有两处极为珍贵的建筑。其一是皇家小教堂，纯木结构的皇家小教堂没用任何立柱支撑巨大的屋顶，古老的木拱顶艺术地解决了建筑难题。1543 年，苏格兰玛丽女王在此接受加冕，1567 年，她的儿子也在此加冕，成为苏格兰国王詹姆士六世。1603 年，苏格兰国王詹姆士六世离开苏格兰后，皇家小教堂慢慢地淡出了皇室的掌控，最终被部队接管。以后，对苏格兰意义重大的小教堂曾经被用作食堂、教室和储藏室，现在仅供游客参观，不再提供任何宗教服务。

壮丽的宫殿

其二是壮丽的宫殿。它是 1503 年苏格兰国王詹姆士四世为来自英格兰的王后玛格丽特所修建，巨大的宴会厅是中世纪苏格兰的 Number1。1566 年，王后玛格丽特为她的儿子——未来的苏格兰六世国王和英格兰一世国王，在宴会厅连续宴请宾客 3 天，最后用一场烟火为整个庆祝活动画上句号，也让苏格兰人头一回见识了焰火的绚丽。1594 年，苏格兰六世国王为亨利王子庆生，又在此举办了 3 天的宴会，盛装的苏格兰士兵抬入人造大海时四座震惊，海上还漂浮着一条长 5 米、高 12 米、载满了美味佳肴的船，他们绕宴会厅一周后，鸣响了手中的枪代替礼炮。

城堡内还有一处挂毯工作室供参观，每幅斯特灵挂毯一般需要用工匠两年半至四年的时间手工织就。织毯工们正在赶制的是一个耗资 200 万英镑、描述中世纪猎独角兽故事的挂毯系列。

华丽的斯特灵挂毯

阿盖尔大宅

简陋的木板门后暗设金库

隐身在薄薄门板后的大金库

离开斯特灵城堡后往老城方向，会途经阿盖尔大宅，它拥有完整的塔楼和庭院，是威廉·亚历山大伯爵的故居，也是苏格兰幸存的保存最完好的17世纪民居。随讲解员参观完毕后，令我们浮想联翩的是隐藏在这些薄薄的门板后面的大金库。苏格兰和英格兰战争期间，部队供给和军饷都需要大量黄金储备做保障，金砖都藏在这些貌似书橱的门板后面，就在大厅中睡满士兵的日子里，这个秘密都没有被泄露。

我们抵达老城监狱时刚过了参观时间，老同学也来电说晚饭时间已到，人也都来齐了。看来，也只能留待下回了。

老城监狱

打球归来

昔日同窗的英国求学经

我的这些同窗好友论年龄都只有我的一半，风华正茂的他们走上留英之路前，大都才刚刚离开各自的学校。积极向上的年轻人为追求美好的未来，不远万里来到斯特灵大学再修一个硕士学位。

在斯特灵老城，一家全天供应自助餐的中餐厅内，专为我们准备的加大、加长餐桌早已就绪，我们一行几十人落座后，将长餐桌围得满满当当。我查看酒水单后招呼服务生点单，居然发现他是我们上海交通大学隔壁班级的学友，课余时在此打工。恍如时光倒流，那是中午时分，我们常常在交通大学附近的餐厅里一起"扎堆"用餐，交流学习心得和留学信息等。

同学们话匣子一打开主题就异常明确：异乡的生活、学习和对未来的憧憬。寒冷的苏格兰几乎有半年是冬天，气温较上海低很多，此外，最令他们不适的是日照异常的短，冬季每天天不亮就去学校上课，三点半还未下课，天就已黑了，简直就是"暗无天日"。恶劣的天气、难以下咽的食物和昂贵的房租都是可以克服的物质层面上的困难，困扰他们的主要问题还是求学路上布满了荆棘。虽然他们在国内都已力所能及地提高了英语水平，但是坐在斯特灵大学的教室里，还是无法完全听懂老师的讲课，挑灯夜战也不能按时完成老师布置的阅读作业，而英国本土学生却轻松地早早完成并在酒吧里喝酒聊天了。平时的小论文和毕业论文，如果没请英语是母语的朋友修改过，那就休想得高分，能及格就已是上上大吉了；英国的考试要求和方法与国内的大

与昔日同窗欢聚一堂

相径庭，使他们一时无从下手、无法准备，每次考试都如临大敌，甚至比高考还紧张。宽进严出的教育政策下，只要累计两门功课不及格，就得永远与学校说再见了，那就意味着前期投资的学费、时间和精力全都白费了……

小汤在一边聚精会神地听着，他一年后在英国的留学之路绝不是吃喝玩乐，想在异国他乡用第二语言学有所成的话，不用心和努力，很可能将一无所成！

古典的学生宿舍

斯特灵大学被赞为欧洲最美的校园之一

夏季时的英格兰，下午七八点太阳才下山，苏格兰高地还要晚一些。晚饭后天色尚早，我们又兴致勃勃地随同学们去斯特灵大学校园走走。学校坐落在斯特灵郊区，坐拥天然的湖光山色和宛如原生态公园的小镇 Bridge of Allan，拥有高尔夫球场和其他的五星级体育设施，被赞为欧洲最美的校园之一。学校周围不乏掩映在绿色中的英式别墅，这里优美的环境也吸引了大量殷实的中产阶级安家落户。

夕阳下，小路的尽头有一座古典奢华的小楼，同学介绍道那是他们的学生宿舍，令我和小汤羡慕不已。我们嗅着甜甜的空气，穿过如森林般的校园，泛着粼光的湖面还让我们回想起德国滴滴湖的美妙。如果没有昂贵的生活费和繁重的学业所困扰，谁不想在这儿成为一个长住民呢!

建议路线

第一天：上午从格拉斯哥乘火车抵达斯特灵，穿过老城沿着苏格兰保存最好的城墙向前到达斯特灵城堡，再抄近道去 Gowan 山参观由栅栏围住的断头石。回老城的路上继续参观阿盖尔大宅、Mar's Wark、圣鲁德教堂和老城监狱。结束斯特灵一日游后，乘火车回到格拉斯哥。

手绘30天穿越不列颠线路图

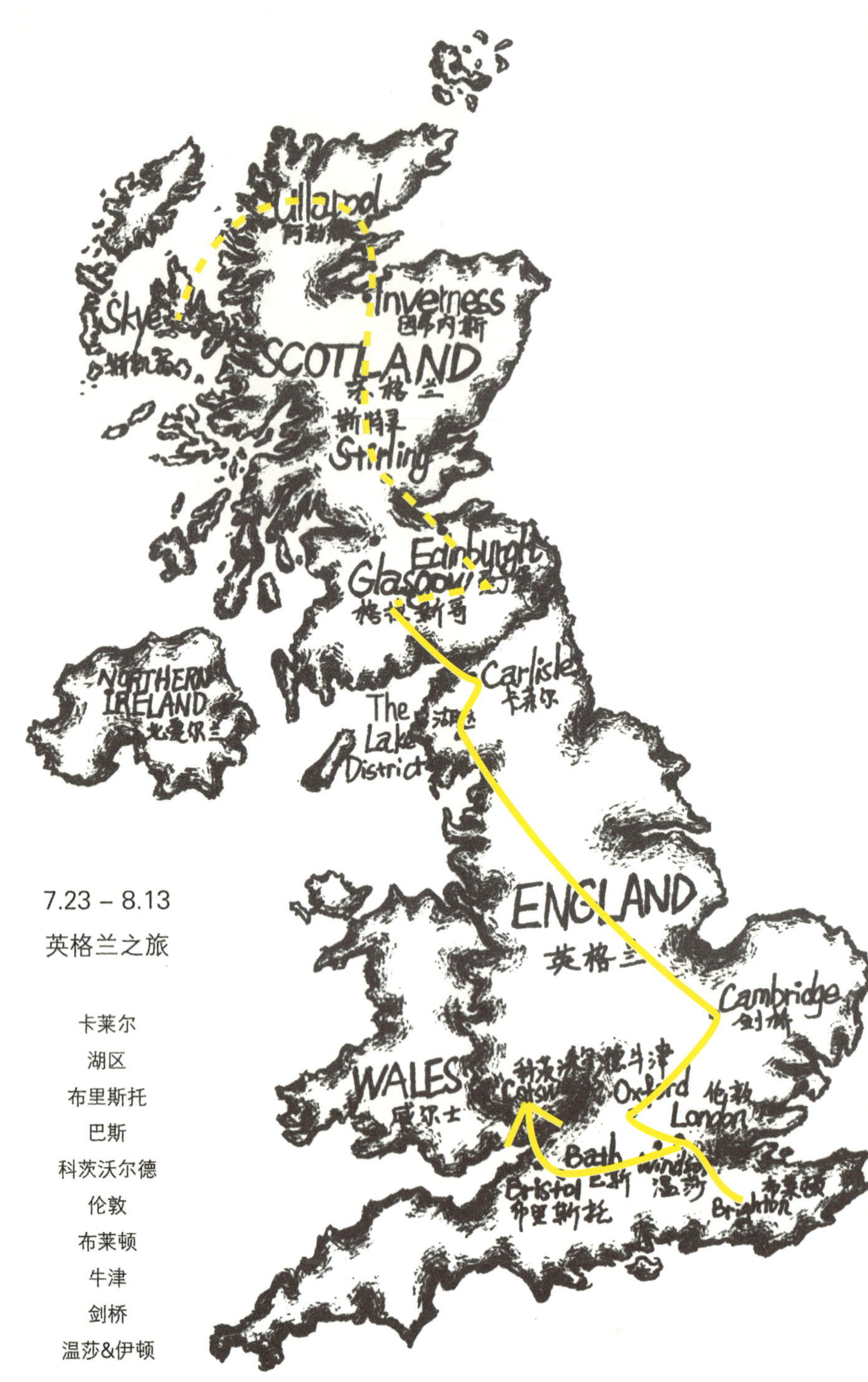

7.23 – 8.13

英格兰之旅

卡莱尔

湖区

布里斯托

巴斯

科茨沃尔德

伦敦

布莱顿

牛津

剑桥

温莎&伊顿

英格兰之旅

CARLISLE CAT
PRIOR'S KITCHEN REST
PRIOR'S
KITCHEN
RESTAURANT
GIFT SHOP

sle 卡莱尔

走过…

7月23日

上午离开格拉斯哥抵达卡莱尔（Carlisle）
市政厅广场（Town Hall Square）
同业工会博物馆（Guildhall Museum）
Tullie House 博物馆（Tullie House Museum）
卡莱尔城堡（Carlisle Castle）
卡莱尔大教堂（Carlisle Cathedral）
坎布里亚郡府（Cumbria County Council）
下午到达湖区的温德米尔（Windermere）

城市

兵家必争之地

卡莱尔是坎布里亚郡的一个古老城市，处于英格兰北部防线的最前沿，特殊的地理位置为它招来了几千年的炮火硝烟。罗马帝国统治时期，它作为一个重要的军事据点，约于公元 72 年和 73 年间建成了一个木制要塞；30 年后木制要塞被摧毁，再重建；公元 165 年，木制要塞被更坚固的石制要塞取代。罗马人建造的总长 73 英里的哈德良长城就从卡莱尔开始，直达东边的泰恩河口，长城竣工后，卡莱尔成为罗马人在英格兰西北部的行政中心。

罗马统治时期结束后，英格兰和苏格兰还是两个国家，卡莱尔位于两个国家之间，仍是兵家力争的重要军事据点。在拉锯战中卡

莱尔一会儿是英格兰的边境，一会儿又变成苏格兰的边境。最终，1092 年，英格兰人从苏格兰人手中将卡莱尔夺了回来。自此后，国王威廉二世在这里兴建以红砖为原料的砂岩城堡，以面对苏格兰人的挑衅。高大坚固的卡莱尔城堡不仅防御功能强悍，还精心设计了密道和密室。1568 年，苏格兰女王玛丽一世失去王位后曾囚禁于该城堡中。

贸易以公平为大

卡莱尔在 19 世纪已转型为工业城市，以纺织、工程设计和食品加工为主。如今的卡莱尔公路运输发达，除伦敦和爱丁堡以外，只有它拥有多条以“A”命名的公路连接各大城市。同时，卡莱尔也是英国主要的铁路中心，有七家不同的公司使用卡莱尔的铁路调车场，是全欧洲最大的调车场。2005 年 3 月，卡莱尔还被评为公平贸易城市。

古老城市卡莱尔

游历

赤红色城堡突兀地立在眼前

7·23

满目尽是赤红色的建筑

从格拉斯哥去温德米尔没有直达火车，要在卡莱尔转车。查资料后，我发现卡莱尔以前是夹在英格兰和苏格兰之间的一处军事要塞，在战火的蹂躏中留下了大量的历史古迹，还是坎布里亚郡唯一的城市。于是我们将懒觉省略了，挤出半日的时间游览卡莱尔，然后再去湖区。

穿过拱形城门

下了火车寄存行李后，我们准备进城了。一座赤红色的、连着高高围墙的巨大城堡突兀地立在我们面前，这座城堡战争时期是军事城堡和王权法院，现在是坎布里亚郡政府的办公场所。我们预约了下午的免费参观，这又是旅途中获得的意外惊喜。

穿过拱形城门沿着赤红砂砖铺成的步行街向北，就到了市政厅广场。围绕广场的建筑也都以赤红砂砖为原材料，底楼的各大商铺都用摩登的玻璃橱窗设计吸引顾客，广场正中还临时搭建了一处旋转木马，供孩子们在短暂的夏季度过欢乐时光。广场边，一栋看上去门窗都有些倾斜的红砖、白窗的老建筑是同业工会博物馆，当时的同业工会由肉商、制鞋者、皮货商、金属工

广场上赤红色的建筑

NEXT
SALE
TRAD

孩子们的欢乐源泉

旧时的市政厅

匠、裁缝、制革工人、织布者和批发商八大行业组成。博物馆建于 1405 年，是卡莱尔唯一的中世纪风格建筑，比内部展出的历史文物更有看头。旧时的市政厅现在用作游客中心，我们不仅在那里得到一些基本的观光资料，还了解到卡莱尔的纺织厂利用苏格兰优质羊毛设计和生产出许多高档服装面料，就连夏奈尔的女装呢料都是它们提供的。

整合了现代和古典的 Tullie House 博物馆

离开广场后向西北方向，我们又参观了一个博物馆：Tullie House 博物馆。博物馆的收藏分三大部分：历史、艺术和自然。历史部分有出土的货币、陶器、文书，还有哈德良长城模型和耳语墙，描述了边境掠夺者的恶劣行径。艺术部分展示了 18 世纪以来的绘画、瓷器等作品，特别着重展示了当地艺术家的一些优秀作品。自然部分展出了出自坎布里亚郡的化石、动植物标本和矿石标本。

整个博物馆的设计考虑全面，完整保留了一栋乔治王风格的古典建筑，现辟作童年艺术馆。现代风的博物馆大厅用了大量玻璃元素，游客可以向外眺望对面的卡莱尔城堡，迷人的景色让人过目难忘，底层还有一条地下走廊直达对面的城堡。现代化的设计以人为本，既方便游客观景，又为游客提供安全的地下通道。新建筑外墙材料颜色与古建筑属同一色系，两者相映成趣。

Tullie House 博物馆

铁锈红的卡莱尔城堡显得威武不可侵犯

卡莱尔城堡是坎布里亚郡一处地标性建筑

在博物馆大体了解了当时发生在卡莱尔的血腥战况后，我们选择穿过隧道抵达卡莱尔城堡。刚下过阵雨，阴沉沉的天空仿佛还在祭奠阵亡的将士，城堡外深深的防御壕沟内的草皮被细雨染得碧绿欲滴，在柔嫩的绿草衬托下，铁锈红的城堡愈发显得威武不可侵犯。我们从约 3 米宽、20 米长的入口引桥进入城堡，城门洞内，两道厚重的铁栅栏门还高悬在哪儿，随时可以放下来阻挡外来入侵者或内部逃亡者。

城堡入口处

卡莱尔城堡的规模不及爱丁堡或斯特灵城堡，但是它设计合理、易守难攻，最大的优势是可以与近在咫尺的哈德良长城相呼应，协同作战。1644 年英国内战期间，卡莱尔是保皇派的重要战略基地，在历经长达九个月的围城之后，在弹尽粮绝的状况下被苏格兰人攻下。高高的塔楼是做监狱之用，窗户既少又小，犯人不要说逃跑了，想看到天空和太阳都是奢望。遗憾的是，当年苏格兰玛丽女王关押处被摧毁了，如今只剩一点点残骸遗迹，令我们难以猜测当时在此的秘道和密室究竟是什么模样。

九百多岁的卡莱尔大教堂

旅行时，每到一地都会去参观著名的大教堂，倒不是出于宗教原因，而是因为其无价的艺术价值，以及围绕其发生的许多故事。千百年前，最伟大的艺术家、工匠们都将全部的智慧和精力奉献给了教堂，纳税者的财富也全部聚集在教会手中。教堂是人类财富和智慧的象征，它们的艺术价值主要体现在绘画、雕刻、建筑、音乐等方面。

卡莱尔城堡内的监狱

卡莱尔大教堂

极具线条感的大教堂围墙

从还原的卡莱尔大教堂模型图上可以看出，整个大教堂占地较大，呈三角形，围墙将它团团保护住。1102 年，亨利一世在卡莱尔为教会圈定了地盘；1122 年，圣玛丽修道院先行修建；1133 年起，大教堂动工。可惜在 1644 年至 1645 年内战期间，大教堂中殿的三分之二被拆毁用以修补城墙和城堡。但如今我们还是可以看到极有线条感的围墙环绕着大教堂，大殿有都铎时期和早期英格兰风格的设计，精美的诺曼中殿完整无缺。但大教堂内装饰成繁星点点的拱顶、巨大的管风琴、细致的木雕屏风、色彩斑斓绘满故事的玻璃窗等，与叹为观止的三联雕刻相比都不免逊色。1510 年精心雕刻而成的立体三联雕刻层层叠叠，生动地刻画了耶稣的故事。它不大，但若你踮足、屏息上前细看，会发现每个人物的表情都栩栩如生；每个人物的衣裙褶皱就像要随风飘起，将你带入古老的故事情境中。

叹为观止的三联雕刻

1985 年和 1989 间，大教堂边的一处墓地进行了考古性挖掘，出土的一些文物证明了 8 世纪至 10 世纪时维京人在卡莱尔的踪迹。同时，在整修大教堂时也经常发现一些意想不到的文物，如大量专供教堂使用的银器、黑玉原料雕刻的耶稣像、石刻人物头像等。2002 年后，大教堂管理层在地下一层辟出展示厅，将这些记录历史和文化的物件公开展览。

受到老建筑的结构约束，不可能加建电梯，管理者就在楼梯边设计了一个可以自如收放的平台，婴儿推车或残疾车通过这个简单的装置都能方便地上上下下，楼梯不再是欣赏文物的障碍，在艺术和文化面前人人平等。

特别的无障碍通道

坎布里亚郡府

坎布里亚郡府的古今变迁

我们在卡莱尔的最后一站是参观坎布里亚郡府。从外面看，赤红色的建筑群仅由两座塔楼和围墙构成；由工作人员带领进入内部后，发现其规模也不小，围墙内曾经建有牌楼、弹药房和士兵宿舍，甚至后期还建过医院。随着英国内战的结束，此处的军用需要削弱了，就因地制宜将它改造成监狱和王权法院。1922年后，这里成为坎布里亚郡政府的办公处。为给后

王权法院

人保留下这处珍贵的建筑遗产，它现在还在逐步修整中，郡政府的工作人员也占据了较多的地方用于办公，所以只有一小部分对外开放参观。

我们顺着工作人员的指点眺望了内院几眼，就随他们参观一间间的囚室：小，没有窗户，有些是单人间，有些是双人间。然后我们通过一条特别窄、只能一人容身的楼梯向上走，出了地面就置身当时的王权法庭被告席了。工作人员这才解释道，刚才我们一路走过的路就是当年押解犯人从地牢到法庭的路。它不与外部相通，非常安全，从来没有发生过犯人逃脱事件。

结束了所有在卡莱尔的参观项目后，路边一家非常英国的甜品店又将我俩“勾引”了进去，我们一边心满意足地享用蛋糕和冰淇淋，一边津津乐道地回味被“加塞”的卡莱尔半日游，觉得不虚此行，今天被砍掉的懒觉太值了！

两个小时后，我们将随火车抵达传说中的英国人间天堂——湖区。

非常英国的甜品店

第六感

行——互相帮助和爱人利己

出了卡莱尔火车站，首先要安顿好两只行李箱。我去游客问讯处询问可否寄存行李，得到的是否定的答复，他们从 9·11 恐怖袭击后就取消了这项服务。看着我俩失望的神情，那位中年女士马上向我们介绍，火车站对面的一家酒吧提供寄存行李服务。她还热情地陪我们到门口并指给我们看，是门口撑着绿色帆篷的那家，全城仅此一家噢！她的举手之劳解了我们两位“老外”的后顾之忧，那一刻异常温馨。

在苏格兰的日子里，每当路人发现我们在查看地图时，都会主动停下匆忙的脚步，关切地询问是否需要帮助。有时我们要去的地方有些绕，他们会陪伴我们步行一小段，到一个可以明确指引给我们方向的路口，才放心离开。这些小插曲不断提醒我们重新思考互相帮助和爱人利己的平实含义。有时，我们发自内心的一个微笑或为陌生人提供的小小帮助，都会让他人觉得那天的阳光格外灿烂，而我们也从中获得极大的满足，这就是爱的回报吧！

吃——中世纪修士餐厅

无论在国内还是国外，各种菜系的中餐和各国风格的西餐我们都享用过不少，米其林红宝书上的餐厅也都试过，暂不评论食物的好坏，单说所到的餐厅，无论是现代风格还是古典风格，都是在我们能想象的范围内——除了中世纪修士餐厅。

中世纪时，卡莱尔大教堂侧翼 Prioir's 塔楼的拱形地窖内，为大批修士们设了专用餐厅，如今只有少量神职人员在大教堂供职，餐厅就对外提供简单的午餐和下午茶。这是卡莱尔最特别的餐厅，也是我和小汤到过的最难忘的、超出我们想象能力范围的餐厅。

中世纪修士餐厅的装饰极为简单，立柱像花瓣样散开，又连接在一起构成一个个漂亮的拱形，支撑起地面建筑，“花茎”用赤红色的砖来勾勒，墙面和“花芯”都用了米色，脚下的红砖地面让人觉得温暖和踏实，绿色的桌布和桌上的鲜花是点睛之笔，妙哉！小汤四处走走看看，折服于前人在建筑方面的造诣，只用简单的砖、泥和基本力学原理就将上面的建筑稳稳撑起至今，而且还设计得这么有张力和富有感染力。

中世纪修士餐厅

建议路线

第一天：早上乘火车抵达卡莱尔车站，先去坎布里亚郡府预订下午的免费参观，然后沿着步行街去市政厅广场参观同业工会博物馆和Tullie House博物馆，再穿过地道到卡莱尔城堡。中午时分，去卡莱尔大教堂的修士餐厅用午餐，再参观大教堂，然后去坎布里亚郡府。下午离开卡莱尔。

Lake

District 湖区

走过…

7月23日

下午从卡莱尔乘火车抵达温德米尔（Windermere）

7月24日

凯西克（Keswick）

7月25日

格拉斯米尔（Grasmere）和安布尔赛德（Ambleside）

7月26日

肯德尔（Kendal）和鲍内斯（Bowness）

7月27日

离开温德米尔（Windermere）去布里斯托尔（Bristol）

城市

赛过人间天堂的湖区

从地图上看湖区在英国的中间段，位于英格兰西北海岸，方圆2300平方公里，1951年被划为国家公园。整个大湖区呈星形，中间是高地，山脉、旷野和湖泊向四周辐射开去。人们利用山脉的自然走向，在湖的周边森林内修了密密麻麻的小路，是徒步爱好者的最爱；英格兰最高峰斯科菲峰落户于湖区，与其他围绕着湖泊的山峰一起，成为登山爱好者的天堂；温德米尔湖是湖区内最大的湖泊，也是英格兰地区最大的湖泊，它与其他大大小小的湖泊吸引了水上运动爱好者来玩皮划艇、帆船和游艇。喜好户外运动的英国人还在山间和湖边开辟了两条自行车路线，一条是长达259英里的坎布里亚线，穿行在陡峭的山岗间，挑战指数极高；另一条是略微平缓的长140英里的海到海线路。

纵览温德米尔湖

登山爱好者的天堂

湖区居住人口为 4 万人，但每年来自八方的游客人数可达 140 万人，除了自然景色和户外运动吸引人外，还有就是英国文化。它体现在两个方面，一是散落在湖区的英伦别墅改建成的 B&B，它们不像美式别墅那么大或带着回廊。以石料为原材料的它们很精致，再配上英式草坪和园艺，优雅得让人仿佛回到女士们提着拖地长裙、撑起花伞的年代，深受追求雅致乡村生活人士的喜爱。二是这儿的人间天堂孕育出了一批湖畔诗人，如英国浪漫主义诗歌的奠基人华兹华斯和妹妹多萝西，他们创作的超越生活追求理想的诗歌和在湖边保存完好的旧居，都是英国文学热爱者来此圆梦的理由。

让我们荡起双桨

英伦风情别墅

游历

Oxenholme火车站

7.23

日落前抵达温德米尔

温德米尔是湖区一个主要的游客集散地，可是在铁路的支线上，我们在冷冷清清的 Oxenholme 下车，与志同道合者们一起转乘支线火车，15 分钟后来到目的地。走出小小的温德米尔火车站，左边是一家超市，吃、喝、用一应俱全，连鲜花店都有；右手就是一家出租和出售山地车的商店。

Applegarth 宾馆

我们沿着主干道向不远的 Applegarth 宾馆走去，只有三分钟的路程就到了。保留了原汁原味的维多利亚时期建筑特色的它无疑是镇上最好的 B&B 之一，位列旅游手册强烈推荐的名单中。一栋三层楼高的黑灰色的石料别墅，干净的白色门窗，凉亭式的门厅处已为客人亮起了温暖的灯。我们就住在绿色酒店招牌旁带阳台的这间。宾馆底层的右边，不大的传统式酒吧内人声

凉亭式的门厅处已为客人亮起了温暖的灯

楼道四周窗户的图案和主题各不相同

翩翩起舞的阿拉伯女郎

鼎沸，全部用橡木装饰的小空间被客人填满了。沿着不宽的楼梯向上去我们的房间，楼道四周的窗户全用彩色玻璃装饰，每扇的图案和主题各不相同，引得人忍不住驻足细赏，小小的窗台上放了些阿拉伯题材的精致瓷器做摆设。

我们带阳台的房间

整个温德米尔镇一览无遗

我们的房间用的是深色英式木头家具，英式沙发与地毯、床上用品、窗帘同一色系，洗手间是简约的现代风格。最妙的是只能容一人闲坐的小阳台，正面向着整个温德米尔镇，远近的酒吧、商店、B&B 和郁郁葱葱的小山丘一览无遗；反方向是一大块修剪整齐、精心料理过的绿色植被，深处是几排整齐的灰色建筑，不知道是民居还是 B&B。服务生还贴心地告诉我们，为让客人在这世外桃源休息好，他们不接待儿童，请我们全身心享受几日安宁。

将镜头对准屋后望去

繁华的湖区北部中心凯西克

7.24

似白云飘荡在德文特湖上

享用完英式早餐后我们乘公共汽车去凯西克游玩，双层的旅游巴士楼上是敞篷式的，我们坐在上层的第一排，眺望青黛色的远山，俯瞰碧绿的乡村和路边诱人的别墅。巴士行驶在蜿蜒的马路上，我们还不时地要低头躲避调皮的树枝，阳光将四周的景色照得透亮而明媚。这样的美景不会带给人震撼，而是一种无以言表的舒坦。微风中架起墨镜的小汤酷酷地说，我们就一整天乘着公交车在整个湖区的小道上漫游吧！

凯西克是湖区北面的游客集散地，餐馆、B&B、户外用品店、礼品店等中规中矩地从镇中心向四面扩

Crow 公园

张，古老的板岩路面的城镇靠着德文特湖，湖内有五座森林小岛，镇外有一处千年历史的卡塞里格石圈遗址，周围的山上无数条徒步小径纵横交错。我们穿过 Crow 公园去德文特湖边，路边草坪上的小女孩睡得正香甜，狗狗在一旁安静地守护着母女两人，妈妈用微笑和眼神与我们交流着，深怕讲话声会惊扰了女儿。这一幕使我回忆起，儿时的小汤坐在我的车里也特别容易睡着，每次到目的地后我也是不舍得叫醒他，总是一边翻翻书，一边等他自然醒来。天下的母亲如此相似。

小女孩的守护神

我孤独地游荡，像一朵白云
在山丘和谷地上飘荡
突然间我看见一群
金色的水仙花迎春开放

——威廉·华兹华斯

瞧这“两家子”

超凡脱俗的德文特湖

德文特湖边游人如织，我们选择先坐游船游湖，木质本色的敞篷游船极为简单，没有繁复的龙船般装饰，能承载 30 人左右。有沿湖顺时针和逆时针两条航线，两种方向都在沿途七处站点停靠，方便那些去周边森林的徒步者。阳光下的湖面泛着粼光，空旷寂静中传来微微的马达声和游客们的只字片语，湖的那一头，浓绿的山影层层叠叠。蓝天绿水间，点点明黄色的帆船给沉静的画面注入生机。日头有些热，微风将湖水的凉气吹起拂面，船尾划出的波纹无声无息地融入光滑如镜的湖面……

我们的"五月花号"

船屋

水能载舟，也能覆舟

不知不觉一个小时从指尖滑过，我们觉得不过瘾，回到码头后又租了条小船，随性地在湖中飘荡，顽皮的小汤卖力地划桨，暗暗与隔壁的皮划艇健将较劲。我们划去对岸观察船屋的构造，我们去森林、草地边观察大宅和他们的游艇码头，肆意地消耗体力，享受着简单的幸福。远处有一条大游船向码头驶来，船尾甩出的波浪荡漾开来，余波阵阵，向几十米开外我们的小船袭来，小船在水浪的推波助澜下突然倾斜了。放下手中的相机，我俩协同向反方向划去。有惊无险后小汤脱口而出说“水能载舟，也能覆舟”，放弃了央求我划去湖心岛探险的计划。

少了阳光的世界万籁寂静

太阳悄悄地躲到了云层后面，少了阳光的世界万籁寂静，周边热闹的彩色世界突然成了无声的“黑白片”，这也就是人生无常的禅意吧！

天阴下来后，我们觉得凉爽了好多，就兴致勃勃地去游客中心打探去卡塞里格石圈的徒步路线。这个神秘的石圈建在3000至4000年前，由48块巨石在山顶组成，它或是天体计算工具，或是聚会祭祀场所。

游客中心的工作人员介绍说，去石圈来回 4 英里，骑自行车去最好玩了，徒步的话起码三小时，还特意提到在旷野里比较容易迷路，一定要带上指南针等工具。

得令后，我们去镇上问了几家自行车车行，都说只卖不租，天色也越发阴沉似要下雨。在装备不齐又没有代步工具的情况下，我们决定取消去石圈探险的计划。保证安全是出门旅游的第一原则。

7.25

“湖畔诗人”笔下的天堂

又是一个艳阳天，我们欢天喜地地再次乘公共汽车去格拉斯米尔。微风吹动长发，香甜的空气沁人心肺，心灵也被慢慢软化……我们高高在上看到的这道风景，是坐在低矮的小车内的乘客无法想象的，每位来湖区的游客都应该尝试和享受一下。

格拉斯米尔被森林和草坡包围，是一个以石板房为主的小村庄，古老的石拱桥架在蜿蜒流过的小河上。左岸是St Oswald教堂，名噪一时的湖畔诗人威廉·华兹华斯就葬在教堂墓地的紫杉树下，陪伴其左右的是亲爱的妻子和妹妹。右岸是一座由老宅改建的餐

古老的石拱桥

St Oswald 教堂

厅，占尽天时地利人和。参观完不大的 St Oswald 教堂，我们循着忽有忽无的姜饼味，来到了从 1854 年起就在格拉斯米尔老校舍内营业的 Sarah Nelson 姜饼店。从装扮成 19 世纪村姑模样的店员手中接过手工精制的当地名吃后，我们迫不及待地尝鲜。姜饼的味道超甜，19 世纪的人们口味好重啊！

诗人华兹华斯将格拉斯米尔当作第二故乡，周围的美景给了他源源不断的创作灵感。午饭后，我们去诗人故居鸽子农庄和 Rydal 别墅参观。开满玫瑰的鸽子农庄，室内有温暖的壁炉，宽大的窗台边

老校舍内的 Sarah Nelson 姜饼店

姜饼店内的“村姑”

搭有舒适的“美人靠”，是个惬意的蜗居之处。拥有 1 公顷大小花园的 Rydal 别墅自然风景更胜一筹，露台和凉亭当仁不让是潜心做诗的佳地；书房的窗外就是花海、山丘、蓝天，难怪诗人华兹华斯坐在窗前的书桌边能诗性大发。

教堂

安布尔赛德让我们忆起江南水乡

下午，我们又去了安布尔赛德，它四周群山环绕、山崖嶙峋、瀑布飞花，是湖区最重要的徒步和攀岩基地。虽然昔日繁华的商业重镇已变成了旅游圣地，但古老的教堂、法院、灰黑色石材建筑在狭窄的鹅卵石街道两旁触目皆是，浪漫的咖啡馆占据了小溪和小石桥边的有利位置。这让我们忆起在江南水乡周庄、西塘或乌镇，有水景的好位子也都是餐厅和茶室。

法院

老宅

酒吧是英国人的休闲首选

黄昏时分，镇上到处是风尘仆仆徒步归来的游客，他们坐在露天酒吧用一杯凉爽的啤酒驱走一天的疲劳。从 Rydal 路停车场出发，经过森林、农田和陡峭的山路去温德米尔湖，再原路返回的 Loughrigg 环形徒步路线全长 7 英里；穿越整个安布尔赛德乡间抵达 Jenkyn's 峭壁，站在突出的岩壁上，可以将温德米尔的美景一网打尽，来回也是 7 英里。最短的徒步路线是去 Stockghyll Force 瀑布，只有两英里。小汤借口没有齐全的徒步装备，死活不愿陪我走一遭，只答应在小桥边人满为患的咖啡馆内浪漫一下。

我们刚才就坐在对岸

我们点了最平常不过的披萨和咖啡后，坐在露天的院子里津津有味地享用着。河内是成双成对的鸳鸯结伴而行；对岸是树木茂盛的院落和直指天空的St Oswald 教堂尖顶；前方，单孔石桥稳稳当当横卧在水面上。我将视线收回，小汤在认真地消灭盘中餐；手机荧屏在闪烁，是远在千里之外上海的老汤发来的关切问候。阳光透过树枝轻柔地洒在我身上，挂在嘴角若有若无的微笑和映在眸子里掩不住的安逸，让我整个人容光焕发，幸福感满得从我心底溢将出来。谁说幸福是看不到、摸不着的？

端庄的多孔石桥伸出臂膀将两岸连起

依依不舍地告别安布尔赛德后，回温德米尔的旅程是最后一次在湖区搭乘公车了。沐浴在落日的余晖下，我俩坐在二楼的老位子上默默无语，专注地“用心”摄像，贪婪地想把每分每秒的感受和景致拷贝下来……

7.26

肯德尔似一颗明珠镶嵌在湖区旁

早饭后，我们乘火车去温德米尔城南 2 英里处的肯德尔。它在 1189 年以来一直是当地的商业中心，从中世纪到 18 世纪，还是羊毛和纺织中心，也是大名鼎鼎的薄荷饼故乡。这种高能量的小食在 1953 年英国勇士攀登珠穆朗玛峰时出过力。现在肯德尔的魅力集中在一条繁华的购物街、一座出众的艺术博物馆和一个别致的戏剧电影院。

老建筑掩隐在湖畔的绿树丛中

我们的临时向导

出了火车站，我们选择沿着河边先去看肯德尔城堡。周日的早晨，河边人行步道上人迹罕见，清澈见底的蓝水静静地向下游淌去，端庄的多孔石桥伸出臂膀将两岸连起，名声在外的维多利亚时期遗留下的老建筑掩映在湖畔的绿树丛中。我们为发现这颗远离湖区喧哗和游客打扰的明珠欣喜，也为不见城堡的踪影暗暗发愁，正巧遇到出门遛狗的一位女士，她热情地牵着小狗带我们去看城堡。转过几个弯后，顺着她手指的方向，我们看到了高高在上的城堡残骸，它早已被遗弃多时，只能徒有虚名罢了。

肯德尔教堂内景

我们过桥到对岸，想去参观肯德尔博物馆、湖地生物博物馆和修道院大厅艺术博物馆，可都吃了闭门羹，因为周日不对外开放。倒是顺便参观了肯德尔教堂。也许在这个维持传统生活方式的小镇，周日的保留节目就是大家一起去教堂吧。参观完毕，我们经过一些深藏不露的大宅，路过别有洞天的酒吧，来到繁华的商业街，再匆匆穿过镇中心回到火车站。

深深庭院

用莎士比亚冠名的酒吧

肯德尔的繁华商业街

伴侣

凡夫俗子喜欢的鲍内斯

从肯德尔赶回温德米尔后，我们又去鲍内斯游湖。鲍内斯在夏季就是一个标准的旅游胜地，熙熙攘攘的人群布满大街小巷，密密麻麻的礼品店和冰淇淋店比肩而立，大大小小的船只在湖里扎堆，深受孩子们喜爱的彼得兔就在

贝娅特丽克斯 · 波特世界向他们招手。有些俗，但就是这些俗事能让人感受到度假或节日的轻松气氛。就如老外过圣诞节非要千里迢迢全家团聚，就像我们中国人过年非要一家人聚齐吃个年夜饭、看看春晚，都俗不可耐。但我们就是凡夫俗子，不是吗？

晌午时，鲍内斯的码头边游人如织，天鹅们在水中嬉戏，胆大的就上岸向游人讨食面包屑。我们决定先解决饥肠辘辘的问题，码头边依水而建的老英格兰宾馆吸引了我们，从地理位置上看它设在二楼的餐厅肯定是望湖的绝佳地。我们步入鲍内斯湖边的老英格兰宾馆，走过装饰得富丽堂皇、带有浓郁英式风格的大堂吧，坐定在二楼露台餐厅的太阳伞下，面前的湖光山色堪比明信片。酒店的湖畔花园内精心打理过的草坪、树木、鲜花，展示着英国

温德米尔湖畔的老英格兰宾馆

园艺的精髓；曲径通幽的小道伸向私家游艇码头。看着码头边游船优雅地转身进出港，看着游艇在湖面上帅气地划出道道白线，只能用陶醉来形容我们的心情，然后异口同声说，下次约上老汤一起来湖区的话，就住这儿的湖景房。

菜单没有什么特色，何况我们是"醉翁之意不在酒，在乎于山水之间也"，就以吃饱为原则点了一些食物。饮品和一份主食半小时后就上齐了，我们消灭完它们后，一再催促下，另一份主食就是迟迟不上来。一个多小时后领班才发现，不知何故那份主食始终未通知厨房去做。他一面多次诚恳地向我们表示歉意，一面殷勤地端上免费果汁，让我们想投诉也开不了口。恼人的是姗姗来

老英格兰宾馆大堂吧

面前的湖光山色堪比明信片

迟的菜肴害得我们多花了一个小时用餐，只能将游湖一圈的计划改为游湖半圈；喜人的是在老英格兰宾馆将错就错的这一小时，令人难以忘怀的温德米尔湖就这样迷住了我们。

下午3时，我们与其他游客一起排队登上哥伦比亚号游览温德米尔湖，直抵最南端后再转乘Haverthwaite蒸汽火车穿越这一带的乡间和森林。

月色撩人的温德米尔湖

白色的游艇和帆船打破了湖的寂静

阳光和红酒染红了弄潮儿的脸颊

畅游温德米尔湖和体验蒸汽火车

哥伦比亚号是一艘白色的三层楼大船，离开鲍内斯码头后，它慢慢地向湖心开去，凉意从钢蓝色的湖面升起，四周环湖的山峦起伏，白色的游艇和帆船打破了湖的寂静。那水有些像千岛湖的水，山峦比千岛湖的更具动态感；湖畔掩映在浓绿中的英伦别墅和众多的帆船玩家是千岛湖没有的。那些在游艇甲板上欢聚的家庭，人们或坐或站或躺，享用事先准备好的野餐，阳光和红酒染红了脸颊。

静卧在轨道上的蒸汽火车

背山面湖的美庐

霸占湖边一大片绿色领地的私家豪宅隐蔽地远离喧嚣，背靠山丘，面向温德米尔湖。豪宅主人在水边不仅建有私家码头，也为心爱的游艇修建了“风雨亭”。

在码头上等待我们的蒸汽火车静静地卧在轨道上，从未坐过蒸汽火车的我们有一丝兴奋，司机兴高采烈地欢迎我们加入他的王国。车厢内的装饰基本维持原貌，显现了时间的痕迹，木制框架的桌椅，用苏格兰格子面料打

喜笑颜开的火车司机

为瞌睡虫着想的人性化设计

理过的椅子还挺舒服，特别是上面突出来一块的设计，能让打瞌睡的乘客稳稳当当地将头靠住。窗外缓缓掠过的原始森林里，也散落着一些风格迥异的别墅。在森林内行驶了半小时后，我们又返回了码头，身后停稳了的火车头还在那儿嘶嘶地冒着蒸汽。

我们再次登上哥伦比亚号，掠过灯塔，返航了。天色渐暗，其他船也都航行在归港的路上，只有不知疲倦的孩子们，依旧热情不减地等待水手的套缆绳表演……

火车头嘶嘶地冒着蒸汽

灯塔

归港

清晨，我们依依不舍地告别了Applegarth宾馆，向火车站走去。四周静极了，只听到车辆掠过的沙沙声和行李箱发出的吱嘎声，小镇的宁静尚未被蜂拥而来的游客打破……

不知疲倦的孩子们

第六感

住——维多利亚式的世外桃源

第二天，我们下楼去用早餐，Applegarth 宾馆的两进式餐厅已洒满了阳光，四四方方的小间在外，入内是宽宽大大的半个六角亭式的大间。墨绿色铺满浅色花朵的主墙面与浅绿色爬满米色花卉的次墙面，深褐色的木头餐桌，深褐色的皮椅，深褐色的铜质吊灯，细致入微地刻画出了英伦风情的意境，接天的绿色由宽大似一面墙的玻璃窗户引入。当然，你也可以走出六角亭，在外面硕大的平台上嗅着草香、听着鸟鸣、吹着小风，惬意地用餐……

四四方方的小间

在露台上享用“绿色大餐”

米色、草绿、墨绿和褐色构成的意境

六角亭式的大间

传统的皇后餐厅

食——传统在温德米尔街口遭遇现代

温德米尔的街口一左一右有两家风格迥异的餐厅，一个是传统风格建筑的英式餐厅皇后餐厅，提供当地风味的美食，一个是现代风格的西式餐灯塔餐厅，供应标准西餐。

第一天，我们先去白色的皇后餐厅试吃当地美食。天气较热，客人都在露天酒吧聊天，一楼深色橡木酒吧空荡荡的，我们被引到二楼餐厅入座。米色墙壁、白色桌布、木椅、鲜花，装饰中规中矩。墙上挂的一块菜单黑板是他们的特色，手写的菜单列出了根据今天进货情况精心准备的美食，囊括了肉类、海鲜类、素菜、汤和甜品。我们在凸窗边的雅座落座后，服务生还殷勤地在我们的脚边放置了一个风扇，风扇

现代的灯塔餐厅

肚里加些冰块，立刻让人感受到凉风习习了。英国气候凉爽，一般室内只提供暖气，不用空调，像今天这样需要使用风扇的日子屈指可数。我们品尝了海鲜拼盘和传统烤肉，味道不错，特别是配的素菜是现炒的，与意大利式佳肴的做法相似。

第二天，我们又去对门灯塔餐厅用晚餐。室外墨绿

Homemade Dishes
*Traditional Roast dinner
*With Chicken or beef. £8·50
*West Coast Cod With Chips
*& Mushy peas. £9·25
*Lamb hotpot Served
*With Crusty roll. £8·50
*Chicken Curry. £8·50
*Sweet & Sour Chicken. £8·50
*Lamb Henry With Veg &
*New pots or chips. £8·95
*Lamb Cutlets With Veg &
*New pots or chips. £8·95
*Giant YorkShire pudding
With Sausage, mash, beans &
onion gravy OR roast beef,
mash, Veg & beef gravy. £8·50
*Seafood tagliatelle (prawns,
Crab, mussles, Cod & Pollock) £8·50
*Local Mackrel pate (home-
made) Served with brown
toast. £5·25
Broccoli bake Served £7·95
With Garlic bread or Chips.
5 bean Casserole with
garlic bread or chips. £7·95

皇后餐厅的当日推荐

传统的英国餐厅

色的凉棚下座无虚席，现代风格的茶色玻璃墙内是简约风，款式简洁的木桌配上枣红色的皮沙发。我们深陷在落地窗边的沙发内，四下打量着这个白天人去楼空、晚上人气聚集的小镇，用着与全世界各地做法大同小异的西餐。

食——凯西克的标准英式食物

尽兴地在凯西克的德文特湖疯过后，回到镇上已过了下午 2 点，只有一家传统式英国餐厅还供应午饭。午市过后，餐厅内整理得干干净净，只有一位服务生在吧台忙碌。我们点了两份当日厨师长推荐的佳肴，端上来后只听小汤不满地嘀咕，今天咱可吃上正宗的英国食物了，原来配菜就是白水煮土豆和豌豆，入乡随俗吧！

购——在凯西克的户外用品店霸占了心仪之物

取消了探访凯西克镇东的石圈遗迹之行后，我们就在镇上闲逛，发现一家户外用品店非常大，正好去补充一些装备。我找到了一支户外专用的防晒霜，它还能在海水中抵御水母的袭击。这让我回想起年前在马尔代夫吃的苦头，潜水时不知道被哪种海底生物吻遍了全身，回上海后皮肤痒了好几个星期。这支神奇的防晒霜经实践证明非常好用，此后我们在太阳底下徒步时靠它，在山里滑雪时靠它，在海里玩水时也靠它。现在它是我们出门在外保驾护航的无敌“万金油”。

店堂地下一层的一个角落里，堆放了一些面料考究、做工结实的充气床、枕、沙发等，将它们在草地上展开并充气后，可以舒服地躺在上面晒日光浴，或坐在摇椅般的充气沙发上阅读。看得我们满心喜欢，欢天喜地地买下沉甸甸的它们，并一路周游半个英国后再带回上海。可如今，它们只在家里的储藏室内安静地呆着，从来没被打开过。

强烈的占有欲，常常让我们买下一大堆永远不会去用的东西；也是强烈的占有欲，往往让我们对费尽周折、得到后却并不快乐的事物死不放手。这样究竟值得吗？

建议路线

第一天：中午乘火车抵达温德米尔，在旧英格兰宾馆的二楼露台用完午餐，然后乘游船或租游艇游览温德米尔湖。

第二天：游凯西克的德文特湖，下午骑自行车去考察卡塞里格石圈。

第三天：上午游览格拉斯米尔和诗人华兹华斯的两处故居，下午从安布尔赛德出发徒步去观瀑布，回来后在镇上中意的咖啡馆或酒吧卸去一天的疲劳。

第四天：继续享受温德米尔或鲍内斯的世俗生活，或去不食人间烟火的肯德尔小镇半日游，然后从容告别湖区。

B r i s

01 布里斯托尔

走过…

7月27日

从温德米尔乘火车至布里斯托尔（Bristol）
布里斯托尔 Temple Meade 火车站（Bristol Temple Meade Railway Station）
英帝国和英联邦国家博物馆（British Empire & Commonwealth Museum）
圣玛丽红崖教堂（St Mary Redcliffe Church）
@t 布里斯托尔（@t Bristol）
布里斯托尔大教堂（Bristol Cathedral）
乘火车抵达巴斯（Bath）

城市

中世纪建筑群

发展经济和孕育艺术两不误

布里斯托尔从中世纪起就成为一个重要的港口贸易城市，曾经作为仅次于伦敦的大城市达半个世纪之久，现在仍是英格兰西南部的一个大城市，是英国重要的航天和高科技中心。这座多元化的城市也是一个艺术的孵化器，被誉为“自然生态影视基地”，因野生动物电影制片和环境保护行动主义而世界闻名。1957 年，英国广播公司（BBC）在布里斯托尔成立了自然生态史公司，出产了《地球上的生物》和《蓝色星球》等脍炙人口的作品。

早在 11 世纪，布里斯托尔建成了独立的城堡，12 世纪发展成为

修缮一新的仓库和码头

一个贸易港口，13 世纪进一步成为造船中心。15 世纪至 16 世纪，赶上开发美洲新大陆的风潮，它变身为奴隶交易中心，贩卖了超过 50 万名非洲黑人去美洲做奴隶——这是人类文明发展史上洗刷不去的污点之一。18 世纪以后，取代小型船的大型船难以进入布里斯托尔在市中心的码头，布里斯托尔就这样无奈地被后起之秀利物浦赶超。以后，布里斯托尔逐渐转变为一个工业中心，并且修建了直通伦敦的铁路。在“二战”期间，繁荣昌盛的制造业使布里斯托尔成为德军的轰炸目标，整个城市遭到重创。直到十多年前，航空工业、交通和设计行业的发展才使这座城市重新繁荣起来。

游历7.27

困难无处不在

我们计划离开湖区的温德米尔后直接去巴斯，可是必须在布里斯托尔转一次火车。根据前几日利用中途转车时增加旅游点的经验，我们再次起个大早，坐上了去布里斯托尔的火车，憧憬着在一个全新大城市中的半日游。

布里斯托尔 Temple Meade 火车站

到了布里斯托尔火车站后，我们又被告知他们不代客寄存行李，而且态度冷漠地说不知道哪里提供此项服务。人与人之间的距离感为何就会在大城市无限扩大呢？记得有朋友一家坚持不住大房子，偏好够住就好。究其原因，答曰：房子太大或楼上楼下分层住，就无法实现一家子和和美美、其乐融融地促膝谈心状。一人一个小天地，家人会变得像客人一样，时间久了就会生分。家庭是社会的基础单元，以此类推莫不是得出以下结论：在大城市，当人们的活动范围无限地扩大，人际关系就无限地冷淡。

出了车站，蓝天和艳阳令我们郁闷的心情和缓了些。雄伟的布里斯托尔 Temple Meade 火车站以土黄色的石材为原料，从有钟塔的主楼向两旁衍生开去，其帝国派头让我精神为之一震。我安慰小汤，困难无处不在，我们肯定有办法安置两只大箱子的。

不可思议的布里斯托尔 Temple Meade 火车站

连接着15个月台的车站大厅分成一楼出发区域和二楼到达区域，三楼是高高的钟塔，从这栋主楼衍生出左右两条三倍于主楼长的“臂膀”楼。整个火车站呈月牙状包容着广场，与建筑群连为一体设计的风雨棚，几个世纪以来默默地为进出站的乘客挡风遮雨。

“右手臂”是在 1849 年 8 月 31 日交

火车站的“左手臂”

付使用的老火车站，由多产的建筑工程师 Isambard Kingdom Brunel 设计；在 1870 年前后又由 Francis Fox 扩建了老火车站；20 世纪 30 年代，P E Culverhouse 将火车站最终建成现今的模样。这座经历三次、由三位不同时代和风格的建筑工程师共同完成的火车站使用了同一种原材料，保持了统一风格，如出自同一人之手，是英格兰史上最大和最古老的火车站，也被列在一级历史建筑保护单上。它佐证了英帝国盛世时发达的铁路运输业。

英帝国和英联邦国家博物馆

英帝国和英联邦国家博物馆

老火车站的顶棚跨度达到61米，现在用作英帝国和英联邦国家博物馆，因为近在咫尺，我们就兴致勃勃地推着箱子去参观。买门票时询问工作人员可否帮我们照看一下箱子，得到了肯定答案，他们免费为客人寄存行李，只要在关馆前取走即可。真是不费吹灰之力就摆脱了困境，让我们得以轻松游城。

上下两层的博物馆展厅通过实物和当事人口述历史故事的形式，向游客讲述了500年以来英国对整个世界的探索、征服和贸易史，以及对土族文化的藐视、奴隶制度、剥削制度和掠夺当地自然资源等不当行径。馆内展出了英帝国当时属下的各殖民地或附属国的丰富物产、传统服饰和不同的自然环境等。绘制成世界地图般的英帝国地图上，密密麻麻地标识了铁路线、陆路运输线和海上航行线路，甚至还详详细细地注明在各个国家进行丝绸、茶叶、批货、珍珠、瓷器等不同的国际贸易交易品种。

在英帝国和英联邦国家博物馆最让我们震惊的是，一个桌面大的屏幕上显示了 1905 年英帝国的版图，鼎盛时期英国的殖民地或附属国共有 61 个，覆盖了世界 1/4 的土地。每个国家用一个小亮点表示，当小点亮起时，就表明在那个地区太阳升起了。只见屏幕上的小点此起彼伏地闪烁着，我俩鸦雀无声地在那儿看了好一会儿。真是不落的太阳啊！当时，在这个圆圆的地球上，总有一处太阳升起的地方隶属于英帝国。至此，就不难理解当时英国长期在国际舞台上的统治地位和影响力了。今日，54 个英联邦成员国享有平等地位，在许多领域进行商榷和合作，包括贸易、金融、国防、教育、科研等。作为发起人的英女王每年都会到不同的英联邦国家进行国事访问，并且每四年还相聚一堂举办一次运动会；另外，这些国家的学生在英国接受教育平均承担的学费只有国际学生的 1/3。

我们是倒数几批的幸运参观者了。那年夏天过后，英帝国和英联邦国家博物馆就关门了，说是计划在搬迁到伦敦，可是直到如今还没动静。有消息说，最早要在 2012 年才能在伦敦重新开馆。

高耸入云的圣玛丽红崖教堂塔楼

圣玛丽红崖教堂被伊丽莎白一世女王誉为“英格兰最纯洁、最美观、最著名的教区教堂”，仅凭此我们就将它列为到布里斯托尔后参观的首项选择上。远远的我们就看到了高耸入云达 89 米高的教堂塔楼，小汤难以想象 14 世纪时

圣玛丽红崖教堂

窗棂边精美的圣母石雕像

的工匠是用何等技术造起这座“摩天高塔”的。塔楼在15世纪40年代的一场风暴中倒塌过，被搁置了400多年以后，在1872年重又用14世纪的建造方法修缮，屹立至今。

整座教堂是由灰黑的岩石为材料，拱形的窗棂连接处和门廊都使用了大量精美的石雕来装饰，以动人的宗教故事和繁复的鸟兽图案为主题。这张平面图简洁地展示了教堂以年代为主线的发展史，1185年建起了教堂的第一部分，14世纪时达到巅峰，基本完成了整个教堂和塔楼的建设。

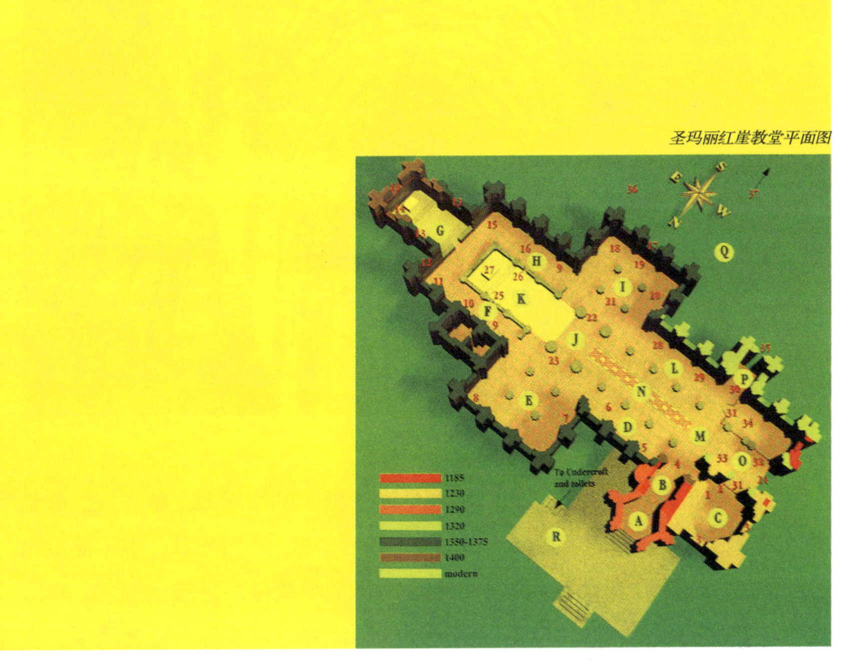

圣玛丽红崖教堂平面图

中庭拱顶鎏金浮雕

当我们步入长廊式的中庭后按照导游手册上的指示向上望去，整个无支撑的米白色拱顶布满了鎏金浮雕图案，雍容华贵，不可思议，每根浮雕的衔接处由一个个立体镂雕的花朵镶嵌。中庭的尽头是彩色玻璃装饰，两边是排列整齐的褐色木椅，然后是唱诗班的座位和面对面的两排管风琴。从

十字架是教堂珍藏之宝

1493 年起，在这里就举行星期天灯芯草祈福活动，那时整个中殿的马赛克地面上铺满了新鲜的灯芯草。仰望着华丽的拱顶，我们似乎闻到了沁人心脾的绿叶清香，听到了若有若无的天籁之音……在祭台上端放着的装饰华丽、雕刻细腻的纯金十字架也是教堂的一个珍藏之宝。

圣母教堂

来自美洲的鲸鱼肋骨

穿过中殿来到小巧精致的圣母小教堂，拱顶还是延续了中殿的鎏金浮雕风格，祭坛上用耀眼而华丽的明黄刺绣布巾覆盖着。彩色玻璃窗上描绘的故事更为生动，一点也看不出大多数是在 20 世纪 60 年代修补上去的，因为在"二战"的炮火中部分彩绘玻璃被震碎了。

15 世纪，随着航海业的强盛发展，欧洲各国兴起了探索新大陆的运动。1497 年，布里斯托尔的本土英雄约翰 · 卡波特离开家乡后成功横渡太平洋并登上了美洲大陆，国王亨利六世得知后下令为其筹集探险基金，支持其继续为国家开发新的自然资源和贸易交易地。多年后，胜利返航的他为红崖教堂带回一根完整的鲸鱼肋骨，现在这根肋骨依然高悬在美洲礼拜堂的入口处。

游客重温昔日水上运输的辉煌

@t布里斯托尔代表了21世纪的现代科技文明

一条不宽的河从布里斯托尔穿过，将城市分为北岸和南岸，岸边的码头和仓库都按原貌保存了下来，改建成互动式景点，游船载着客人重温昔日水上运输的辉煌……

我们过桥后，随着人流来到了千禧广场，广场上竖立了众多真人大小的塑像，奥斯卡影帝加里·格兰特最受欢迎，女孩子们争先恐后地依偎着这位完美绅士拍照留念。广场周边的现代建筑群呈球体、方形和不规则状，这就是@t布里斯托尔，一个3200平方米科学探索馆，囊括智能、全球通信、科技历史和太空馆；隔壁的自然世界覆盖了从恐龙时期到现代的DNA研究，不仅可以了解人类生存的环境世界，还可以在热带雨林中漫步。

@t布里斯托尔

布里斯托尔大教堂

the Great Gatehouse

中世纪的缩影

离开人声鼎沸的千禧广场，我们继续向北，过了马路后周边又都是中世纪建筑群了，我们的目的地是布里斯托尔大教堂。四周人迹罕见、安静祥和的氛围与千禧广场是截然不同的两个世界，时光隧道将我们带回了中世纪……

目光深邃的学者

College Green

过了参观时间的大教堂大门紧闭，只有立在 the Great Gatehouse 上的人物雕像无声地与我们交流着；布里斯托尔图书馆外墙上的学者塑像栩栩如生，深邃的眼神充满了智慧。北面与大教堂相连接的是 College Green 大片的绿地和参天大树，尽头是红色砖墙大弯月形建筑群 Council House，人们或坐或躺或跑，尽情地享受夏日宝贵的骄阳……

Council House

夕阳西下，马上就要离开布里斯托尔，心中不由升起一丝惆怅和不舍。因为蜿蜒流过整个城市的河流，因为一大批保存完好的中世纪建筑，因为设计时尚、代表科学发展的科技中心，因为有美丽红砖的布里斯托尔大学和朝气蓬勃的莘莘学子，还因为横跨宽度惊人的埃文峡谷的克利夫顿吊桥，以及那铺天盖地的绿……

铺天盖地的绿

建议路线

第一天：早早地乘火车抵达后，首先参观圣玛丽红崖教堂，然后去 @t 布里斯托尔体验现代科技文明。下午继续参观附近的布里斯托尔大教堂、城市图书馆和 College Green。黄昏时分，去高达 75 米的克利夫顿吊桥观赏吸引无数艺术家的落日。最后在克利夫顿村的传统餐厅享用当地特产，离开布里斯托尔。

B

th 巴斯

走过…

7月27日

黄昏时分乘火车抵达巴斯（*Bath*）

巴斯温泉中心（*Thermae Bath Spa*）

7月28日

简·奥斯汀中心（*Jane Austen Centre*）

环形广场（*the Circus*）

皇家新月楼（*Royal Crescent*）

罗马浴室博物馆（*Roman Baths Museum*）

巴斯大教堂（*Bath Abbey*）

Parade 花园（*Parade Gardens*）

巴斯乔治风格建筑群

城市

傅雷称巴斯是“精致而美丽的城市”

埃文河谷巴斯地区的温泉是英格兰唯一的天然温泉。公元 1 世纪罗马人入侵后，在巴斯修建了温泉浴场和一座寺庙；公元 2 世纪，温泉上加盖了木质拱形建筑，分别又建起了热水浴池、温水浴池和冷水浴池。5 世纪罗马人撤出英格兰后，浴池失去了为士兵疗伤的用途，也不再有维护，最终完全被淤泥掩埋。

几个世纪过去后，1088 年，国王威廉二世将巴斯赐给皇家内科医生约翰·图尔，医生不仅将自己的住所盖在修道院边，还在已废弃的三处温泉周围又兴建了一些浴场。16 世纪，英国又刮起温泉浴场疗养风潮，大张旗鼓地将修道院翻新成教区教堂，大量浴场修缮一新，许多贵族慕名而来。终于，1590 年伊丽莎白女王一世颁布了

贵族慕温泉而来

英国皇家特许状，授予巴斯为市级城市；1688 年，牛津大学化学系学生托马斯 · 圭多提移居巴斯，他热衷于研究温泉水疗和健康的关系并发表了多篇著作，再度引发贵族蜂拥而至巴斯泡温泉的浪潮。

乔治王时代，随着观光客和泡温泉的游客逐渐增多，巴斯开始大规模地进行城市建设，两代建筑师老约翰 · 伍德和小约翰 · 伍德利用巴斯特产的金米色石灰岩，建成了一大批古典端庄、雄伟壮观的乔治风格建筑群。18 世纪早期，随着皇家剧院等一批经典娱乐设施的竣工，温泉和美庐使巴斯成为英国上流社会集聚的中心。

随着时光的流逝，海滨浴场将大量游客吸引而去，但是金米色宏伟建筑都保存了下来，巴斯因此被联合国科教文组织列入世界文化遗产城市之一，吸引了全世界的游人。

黄昏时的空巷

游历

7.27

巴斯第一印象

巴斯火车站让我们有些失望，很小，没有电梯或自动扶梯，我们只得推着行李，由坡道经停车场再绕到火车站的前门等出租车，与惊艳的布里斯托尔 Temple Meads 火车站无法相提并论。可我们是冲着久负盛名的温泉和满城的金米色乔治风格建筑而来的，不是吗？

我们的酒店面对着皇后广场，天色渐暗，广场内连路人也不多见。入住后我们在四周漫步，白天热闹非凡的整个城市静悄悄的，熙熙攘攘的游客像潮水般退去了，百年建筑散发着它们的本质魅力。商店和景点一般都闭门谢客了，只有巴斯温泉中心会营业到晚上 10 点，让我们有些喜出望外。我们是有备而来泡温泉的，立即回酒店取了泳衣，再直奔英国唯一的一座拥有自然温泉的 Spa 中心，洗去多日在路上的风尘仆仆。

巴斯温泉中心，是在十字浴室、热浴室和泵房三处历史遗址上改建而成的，将天然的温泉直接引入室内。底楼米涅瓦（一位罗马女神）浴室是最大的自然温泉浴室，大大小小的柱形灯光带来时尚风貌，引得游水者在池内追逐嬉戏；四周有按摩喷泉，倚在上面可享受水流冲击带来的放松；最特别的是围成圈的“河道”内，温泉水像小溪般缓缓地流淌过每个入浴者。步入桑拿区域，会发现每间桑拿房使用了不同的精油，有的让人精神振奋，有的清新怡人，有的舒缓镇静。此外，还可以尝试足浴或像瀑布般一泄而下的淋浴。

我们停留最久的是屋顶露天温泉池，整池蓝色的温泉水冒着淡淡的蒸汽，四周玻璃幕墙取代了围墙，就是躺在池中，整个巴斯城也能一览无遗，最醒目的就是高耸华丽的巴斯修道院。夕阳将四周的建筑染成金色，微风中我们坐拥小半个巴斯城。温泉将肌肤泡软、每个毛孔都在拼命吸收水中的养分，身体越来越轻、心儿越来越静、思绪处于停滞……泡够温泉、看够风景后，我们去餐厅用晚餐，那果汁就是甘露，那盘素净的意大利面就是佳肴。温泉卸去了我们身体的疲劳、抚平了心灵的褶皱，还给我们带来如初生婴儿般纯净的味觉享受。

另外，温泉中心还有一个小型的独立浴室，可同时容纳 8 至 10 位客人，适合家人、朋友或公司包场，他们还提供会议室或生日晚会等活动安排。如果时间充裕，泡完温泉还可以在水疗中心做个脸部按摩或身体按摩。

THE RMAE BATH SPA 宣传册中的屋顶露天温泉池

简·奥斯汀作品中的生活哲理

早餐后，我们顺道先去简·奥斯汀中心参观。简·奥斯汀曾经在巴斯住过几年，所以在巴斯除了巴斯修道院、罗马浴室外，这是第三张吸引游客的王牌。100 多年前就有好多简·奥斯汀的粉丝自称 Janeite，连乔治四世也喜欢简·奥斯汀的作品，在每个住处都会放上一套。

简·奥斯汀出生在英国一个牧师家庭，与家人一起过着恬静、平和的乡居生活，从未正式去过学校，可是她从少年时就喜欢写作，一生未嫁，将全部的激情投入到小说创作中，共发表了六部作品：《理智与情感》、《傲慢与偏见》、《曼斯菲尔德庄园》、《爱玛》、《劝导》和《诺桑觉寺》。被评论家赞为在英国文学史上与莎士比亚同样重要的人物，她细致入微地刻画了周围世界小人物的婚姻和爱情风波，为 19 世纪现实主义小说的高潮做了铺垫。

简·奥斯汀中心的商业气息浓郁，书、CD、DVD、T 恤、记事本、小花伞等都有卖，中心内还设有一间茶室，我们挑选了一

简·奥斯汀中心

支老式蘸墨水的钢笔以作留念。突然发现兴致勃勃来参观的客人，不管男女都有一定年龄和阅历，就像电影《成为简·奥斯汀》中现代生活中的人物，将自己的情感生活通过读书会的形式与简·奥斯汀笔下的人物相对照，重新解开心结，让生活再次起航。

学生时代读简·奥斯汀的小说时有些不以为然，因为她描绘了一大堆张家长李家短的情感故事，没有涉及工作、个人成就、事业发展等那时在我眼里轰轰烈烈的正事。可是时间慢慢地教会我，其实亲情、爱情和友情才是我们生命中的主线，借助它们，我们才能实现和体会人生道路上的真幸福；反之，功成名就却换不来亲情、爱情和友情，更多的是过眼烟云的游戏和名利场上的利用。

环形广场

环形广场和皇家新月楼是巴斯至高无上的荣耀

继续向北走，就来到了建于 1754 和 1768 年间的环形广场，金米色的房屋排列成一个宏大的巨环，环内是精心设计的绿化，南面还有一个乔治花园。老约翰 · 伍德受罗马环形剧场的启发产生了这样一个绝妙的创意，最终是由小约翰 · 伍德完成了这个雄伟蓝图。再向北，30 栋金米色的乔治风格的建筑构成一个半圆形，号称皇家新月楼，是由小约翰 · 伍德设计，建于 1767 年和 1774 年之间，“新月”内是大片修剪齐整的草坪，当初的贵族一般按季度租用这些美庐。墙上的铜牌纪念着曾经在此居住过的名人，如英国著名的肖像和风景画家 Thomas · Gainsborough。蓝天白云下金米色的楼和

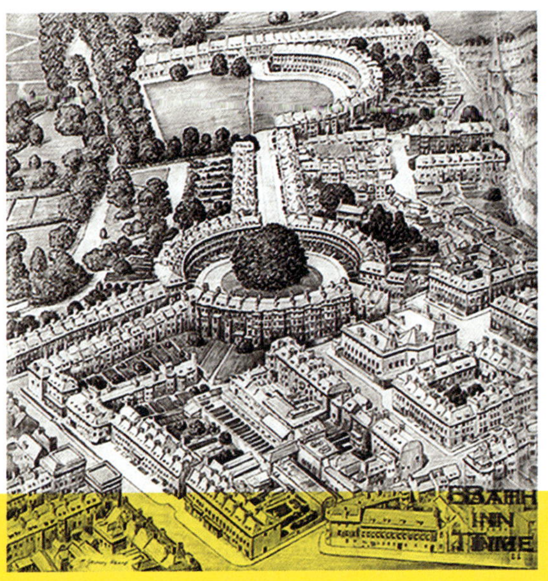

手绘环形广场和皇家新月楼

门前的大片翠绿，让每位参观者齐齐发出感叹：若居于此，此生还复何求！

现在皇家新月楼1号似一座博物馆，重现了18世纪的辉煌，在身着当时服饰的工作人员带领下，我们体验了巴斯最繁盛时期贵族们的生活方式。群楼中最杰出的两座则改建为豪华的皇家新月酒店，当你踏入酒店风格素雅的房间和幽静的花园，就如同一下子走进了18世纪简·奥斯汀笔下的花样年华中。

它护卫着罗马浴室

左：高低错位法的运用
右：引流温泉的管道

大浴室

2000 年前的罗马浴室

罗马浴室是巴斯最热门的一大景点，进入这座由约翰·伍德父子共同建造的 18 世纪经典建筑大门，在博物馆大厅过渡后，就到了室外大浴室的上层，绕浴室一周的长廊竖立了 8 位罗马勇士和 1 位将军的石雕塑像，它们从 1895 年起就默默地守卫着神圣的大浴室；下层是一池热气腾腾的碧色温泉。罗马人用大理石加固引水管道，再

石刻头像

重现罗马人生活的表演

智慧女神庙的三角楣饰

智慧女神头像

马赛克海马图

利用高低错位法，将温泉水从喷发地引入蓄水池，经过大浴室等，最终流入河流。罗马士兵和百姓在浴室泡澡疗伤、治病，或接受按摩，或会友、下棋、玩游戏等，就和我们今日的洗浴中心一样，是个娱乐休闲的好去处。两千多年过去了，世界在高速变化和发展，但有些事却万变不离其宗。

罗马人建造浴室的同时还建起了供奉智慧女神的神庙，保留下来的不朽文物生动展示了罗马人入侵的历史，以及当时的艺术造诣和工匠的精湛手艺。夏季旅游的旺季，在大浴室会有不定期的戏剧表演，让游客仿佛回到了罗马人统治的时代。罗马浴室博物馆更为周到的服务是，提供各个国家的语音导播服务，其中包括中文。

巴斯大教堂前广场上人潮涌动

巴斯大教堂

我们抵达巴斯大教堂前的广场时，正是一天中游客最集中的时段，广场上人潮涌动，露天咖啡店和杂耍表演为游客带来方便，但也使得人流更加拥堵。我们挤在人堆里，一边为精彩的表演喝彩，一边品尝手中的冰淇淋蛋筒，有时快乐就这么简简单单。

巴斯大教堂也称亚贝大教堂，在英国是处于最高等级的大教堂之一。公元676年，基督教女修道院在此建立；公元973年，巴斯大教堂建成并为实质统治全英格兰的第一位国王埃德加举行加冕仪式；公元1090年代，诺曼人入侵后改建为诺曼教堂；公元1499年，诺曼教堂被毁后，又重新建起了现在模样的巴斯大教堂。18世纪起，巴斯大教堂受到络绎不绝来巴斯泡温泉和观光的游客们参拜；1942年，巴斯大教堂遭到炮轰，损毁严重；1991年至2000年，巴斯大教堂修缮一新，恢复原貌。

教堂东面的大型彩色玻璃窗上，56幅图画生动描绘了耶稣基督在世的景象，让我们重温了一遍耶稣的故事：在生命的最后三年，他四处讲学，为人治病，并感召了12位门徒；33岁时被钉在十字架上为拯救苍生而献身；他预言三日后他会复活。今天，世界上约有20亿人信奉主耶稣——上帝的圣子为神。

精彩的杂耍表演

扇形拱顶

巴斯大教堂

巴斯教堂特殊的扇形拱顶引我们仰头细看，每个扇形由“茎”支撑、有“花朵”镶边，构成一张“叶”，再由三个菱形将这些“叶”勾在一起，构思精巧，也极具观赏性。拱顶下，由汤姆斯·杰克逊在 1914 年设计的管风琴也是巴斯教堂的一大骄傲。

拱顶下的管风琴

洗去铅华的巴斯

漫步巴斯大街小巷

一般来巴斯的游客当日就离开了，因为我们在附近还有其他安排，就以巴斯为根据地逗留了三个晚上。在清晨游客尚未蜂拥而至时，在黄昏游客都尽兴后离去时的两个时段内，我们见识了巴斯洗去铅华的清新状。行走在 18 世纪马车通行的弹格路（由卵石、块石铺筑而成）两边，两代约翰 · 伍德留下的乔治风格建筑上，依稀都能找到罗马建筑元素，如立柱式门厅、用立柱勾勒建筑物的线条、石雕窗棂或石雕装饰图案等。历经沧桑岁月，一层层各时代新旧油漆下的拱形木门由雕花的金米色岩石包裹着，门后是怎样的一个罗马人世界？罗马风格的石柱和石雕小门廊、英国人喜欢的白色木门、园艺，又让我们憧憬简·奥斯汀笔下描绘的身着曳地长裙的清新少女会推门而出。而巴斯人见惯了来自各地风风火火的观光客，依旧利用时间差笃笃定定过着自己慢节奏的生活。

留有罗马风格的建筑

门后是怎样的一个罗马人世界

会有纯情少女推门而出吗

自得其乐的艺人

狗狗们好奇地盯着镜头

小城慢生活

埃文河上的帕特尼桥

建筑和园艺相互映衬

通往 Parade 花园之路

绕过拥挤的巴斯大教堂，我们去埃文河边的 Parade 花园。街角 L 形色彩斑驳的老建筑和街心花园内小巧别致的雕塑，通向 Parade 花园的台阶、人物雕塑、屋顶造型不同的高大金米色建筑，让我们忆起罗马；三联桥洞上层是乔治风格建筑，再衔接起两岸大片相同风格的建筑和田园风光，这是横跨在埃文河上的帕特尼桥，让我们忆起弗罗伦萨；不宽的埃文河四周环境幽静，18 世纪时是直通伦敦的水上黄金通道，让我们忆起威尼斯。Parade 花园内的草坪、树木、花坛都因地制宜和顺势而为，体现了英式园艺的精髓所在，在刚性的金米色建筑衬托下，越发显得妩媚动人。

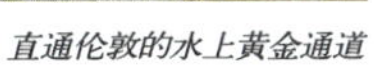

直通伦敦的水上黄金通道

巴斯街口

Parade 花园

THE ABBEY HOTEL

建议路线

第一天，黄昏时到达，漫步几乎不见游客踪迹的巴斯大街小巷，观赏皇家星月楼和环形广场。晚饭后，去巴斯温泉中心泡温泉。

第二天，上午游巴斯大教堂和罗马浴室博物馆，午饭后去 Parade 花园欣赏埃文河两岸的风光，或参观其他的博物馆，如集会厅和服装博物馆，巴斯建筑博物馆、维多利亚艺术馆等，尽兴后离开巴斯。

Cotsw

lds 科茨沃尔德

走过...

7月29日

巨石阵一日游：巨石阵（*Stonehenge*）、埃夫伯里石圈（*Avebury Stone Circles*）、科姆城堡（*Castle Combe*）、拉科可国家遗产村（*Lacock National Trust Village*）、比伯里（*Bibury*）、思伯里山（*Silbury Hill*）

7月30日

最美乡村一日游：泰特伯里（*Tetbury*）、斯托昂泽尔德（*Stow-on-on-the-Wold*）、上下斯洛特（*Upper and Lower Slaughter*）、水上伯顿（*Bourton-on-the-Water*）、奥芬顿白马（*Uffington White Horse*）

巨石阵

城市

神秘而疯狂的史前人类活动印记

世界文化遗产巨石阵孤独地矗立在平原上，它是世界上最早的文化中心之一，远眺四周是起伏的山脉等乡间景色。巨石的走向与夏至的日出点和冬至的日落点正好连成一线，这种精确度让天文爱好者为之疯狂，每年的那两天他们都会热情地聚在一起享受和庆祝那神秘的一刻。

同一地区留下的埃夫伯里石圈，在罗马时代基本被完好地保存着，后来撒克逊人开始在石圈内定居。中世纪，教廷担心异教徒的势力增大，掩埋了许多巨石；另外，随着小镇的建设和发展，又有许多巨石被充当建筑材料。这些天然巨石组成令人肃然起敬的古迹，

经典的英国乡村景色

比巨石阵遗迹范围更大，穿越了田野，包围了村落。

巨石阵和埃夫伯里石圈充满了神秘色彩，至今仍然有许多谜团令考古学家困惑难解，他们始终无法确定这两处史前遗迹的确切用途，是观察天象？是原始部落膜拜太阳？还是远古时期祭祀的场所？

经典完美的英国乡村景色

科茨沃尔德地区处于英国的腹地，是纵越六个郡（格洛斯特郡、牛津郡、威尔特郡、萨摩赛特郡、沃里克郡、伍斯特郡）的一条狭长地带，属于英国“法定特殊自然美景景区”，充满诗情画意的自然风景和古色古香的英式建筑共同构成经典完美的英国乡村景色。

巨石阵还原图

7.29

当巨石阵近在咫尺时，我们怦然心动

清晨，我们在巴斯大教堂的后门处登上了事先预定的迷你巴士，开始了巨石阵一日游的行程。

无数次在电视上或图片里看到巨石阵，但当巨石阵近在咫尺时，我们仰望着、端详着、揣摩着，它们依旧令我们怦然心动。这些巨大的经过切割的蓝石平均重达 4 吨，从 385 公里以外南威尔士的普里斯莱山通过水路和陆路运来，运到此地后被竖立在地面上，构成马蹄形和环形。以巨石为柱，上压另一石为楣，这种楣石是产自 35 公里以外马尔伯勒低地的坚硬砂岩漂砾，经切割后，估计每块需 600 勇士才能徒手拖运而来。

公元前 3050 年（5050 年前）的史前人类建成了外层环形土堤和壕沟，公元前 2600 年（4600 年前），在中心区域完成了木架等土木工作，公元前 2500 年至 1500 年（4500 年至 3500 年前）间进行巨石运输、列序、竖立等全部工作，形成内圈马蹄形石群，并在中心安置了一块祭坛石，然后在内层马蹄形外又竖立了五个塔形的外层马蹄形石群，再往外就是由 30 块立柱巨石构成的环形石圈，最外层是 58 个坑洞构成的另一个环，环内包括 station 石、南 borrows 和北 borrows 等几块独立的石头。内层马蹄形石群走向与夏至日出点和冬至日落点构成精确的直线，整座遗迹向外延伸的小道

上放置了 slaughter 石,再往外有两块 heel 石。至今,考古学家对先人们历经 2000 多年建造的巨石阵的目的以及巨石阵本身的意义还是一无所知。

我们边看边思索,古人为何要几代人合力完成这一壮举?为何将它造在空旷的、远离居住区的田野里?为何没有任何文字记载,连口述故事都没有留下?难道真的是外星人或比我们人类更进化的生物在放弃地球前留下的作品吗……

与生活融为一体的埃夫伯里石圈

英国最大的埃夫伯里石圈直径 348 米,内含南北两侧两个较小的石圈,全部由未经雕琢的重达

与居民生活融为一体的埃夫伯里石圈

20吨的巨石构成，同样可以追溯到公元前2200年至2500年。因为这一地区有定居者，石圈就自然地融入了人们的生活，人们在巨石边安家，甚至就地取材，羊群们也将巨石当作遮风避雨的好去处。现代的公路顺势而建，巧妙地将石圈分割成四个区域。

离开巨石阵后，我们又去拜访2英里外的埃夫伯里石圈。我们的迷你巴士长驱直入，停在石圈中心的停车场。下车后，我们在巨大的石圈内随意穿行，但一直努力想爬上外圈的土堤，望尽整个石圈。我们找到西北部区域中的第一块巨石，也是为数不多的从未倒塌过的巨石之一，它是重达65吨的斯温登石。我们用手小心地触摸着它，感受它粗糙的质地和远古年代的气息；靠在被太阳晒得暖暖的那面，闭上眼睛，试图在遐想中捕捉历史在巨石上留下的信息。

参观完巨石阵、石圈后，我们后面的计划就是在三个小镇间走走。

羊群的避风港

从市场交易亭观察周遭世界

时间似乎在有 500 年历史的科姆城堡定格了

建于 1458 年的石桥跨在清澈的小溪上，它是岸边住家连接外部世界的唯一通道，沿着主干道往北可以抵达镇中心的市场交易亭、教堂和小旅馆。小路两边都是用当地一种蜂蜜色的石块建造的不同风格的英式小楼。穿过教堂有一座建于 17 世纪的大宅 the Manor House，如今是拥有 26 英亩森林公园和 60 种珍稀树木的豪华酒店。

科姆城堡的教堂

教堂塔楼

the Manor Hotel

上：老房子也是 the Manor Hotel 的客房
下：the Manor Hotel 的后花园

英国民居

500 年了，小镇还是那个小镇，几乎没有现代生活的痕迹，没有旅游胜地的商业气息，没有喧嚣的大群游客，有的是一家专卖小镇风景画的画廊，有的是自由拿取自由付款无人看管的糕点摊，有的是街口依旧迎客的百年老旅馆。

自由交易的糕点摊

在市场交易亭歇脚

观花赏浮萍

教堂内，那口简陋的机械大钟是一位当地铁匠在1380年左右制成的，它还在兢兢业业地工作着。我们漫步在1962年被评为英格兰最美乡村的Castle Combe，在市场交易亭歇歇脚，在古桥上边观花赏浮萍，边逗弄野鸭，在街边端详古朴的小屋，似乎走进了如诗如画的历史长卷……

逗弄野鸭

国家遗产村一隅

电影哈利 · 波特的外景地拉科可国家遗产村

拉科可镇上的建筑可以追溯到 13 世纪，比 Castle Combe 还要早 300 年，矮矮的楼房配的是小门和窄窗，地面沉降影响了房屋结构，有时你会发现它们有些倾斜，偏离了水平线。它们非常朴素和别具一格，不是清一色蜜蜂色石料建筑，有部分是木头结构。

民居一

民居二

民居三

民居四

这个小镇出现在多部电影和电视连续剧中，而最让观众难忘的是它又出现在《哈利·波特》中。好多哈剧粉丝在街上激动地指指点点，热烈讨论着，可我们当时一点都想不起来！直到半年前重温《哈利·波特》时，我和小汤也兴奋地叫起来："这是拉科可的拐角处"……

St Cyriac 教堂

教堂街起名非常直接，沿着它走，就通向 1290 年起建筑的 St Cyriac 教堂。St Cyriac 教堂小小的，拱顶、石雕和窗棂与名声在外的那些大教堂无法相比，连最为珍贵的一只圣餐杯也被移送到大英博物馆了，墙上只剩一张圣餐杯的照片，但这个传统的天主教堂是当地居民的精神支柱。

小镇的东面是游客中心和博物馆，博物馆后院是大片的庄园和一栋硕大的城堡般建筑，最早属于拉科可修道院。1540 年 Sir William Sharington 买下后改建成自家庭院，1944 年他的后人将其捐赠给国家，成为国家文化遗产。博物馆工作人员介绍说，参观完最少也要2个小时。因为我们是参团的一日游活动，无法自由决定停留时间，只能无奈地错过了。小汤安慰我，等他18岁了，他就可以开车带我故地重游，想在这儿住几晚都没问题。他的誓言让我心里热乎乎的，却也滋生一丝惆怅，不久的将来我俩要换位了，不是我再将他呵护在掌中，而换成他来照顾我了。长江后浪推前浪，我为小汤的不断成长感到欣慰。

拉科可修道院

比伯里建筑大多采用不起眼的灰黑色石材

朴素比伯里回味无穷

司机大叔在比伯里停车后，我们就发现这儿的建筑风格变了。这里的建筑多采用极不起眼的灰黑色石材。与前两个小镇相比，比伯里就是一位质朴的村姑，有着未经雕琢的自然，耐人寻味。一车人随导游踏上一米来宽的悠悠木桥进村了，张扬的杨柳树织了一张绿色的巨网在风中飘荡，边上古老的三孔石桥载着小车通向天鹅宾馆。进入比伯里后柏油路就消失了，我们踏在历经几个世纪的石子路上，走进了科茨沃尔地区又一座

连接天鹅宾馆的行车石桥

我们坐在高高的土堆上听导游讲故事

名镇。导游招呼我们坐在一家住户前的高坡上，侃侃而谈，为我们介绍他最喜爱的小镇。他说这儿的 Arlinton Row 就像是英国民宅的活化石，建议我们一定要从不同的角度欣赏它。

解散后，我们踩在嘎嘎作响的石子路上将全镇逛了个

与自然环境融为一体的 Arlinton Row

Arlinton Row

圣玛丽教堂

遍。小小的圣玛丽教堂历朝历代从未间断过宗教服务，两层楼的Arlington羊毛厂博物馆当属豪宅了，可我们喜欢的还是那一座座质朴又千姿百态的民宅，虽然外貌始终保持原样，但据说室内都用上了最时尚的家具装饰，舒适但不显山露水。

Arlington 羊毛厂博物馆

民居五

斯伯里山似一座绿色的金字塔

回巴斯的途中，整车的游客都特别安静，有的闭目养神，有的继续眺望窗外，不放过任何景色，有的若有所思，仔细回味今日所见所闻，有的欣喜地观赏相机中的影像。突然，司机大叔将车靠边停下并打起了双跳灯，他让我们眺望远

Silbury 山丘

处的一个山丘。那座绿色的山丘高出平原约 40 米，在天际边，就像一座巨大的绿色金字塔，它是欧洲最大的人造丘陵之一。从公元前 2500 年左右起，斯伯里山分几个阶段陆续建造，其目的和用途也尚未知晓。由于受到严重的侵蚀，现在已不对游人开放，只能从公路上远眺。

有双车道的泰特伯里

圣爱德华厅和图书馆

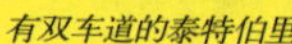

泰特伯里的市场大厅和那位老先生

早晨，离开巴斯后又是一整天在科茨沃尔德地区的旅行，我们和迷你巴士内的其他乘客一样，期待着与最美英国乡村的又一场艳遇。

寂静的泰特伯里周日的早上人迹罕见，导游只给我们半个小时在镇上走马观花。双车道马路边是粉刷一新的英式建筑，让我们感受到现代生活在步步逼近小镇，镇中心的市场大厅特别古朴，但无法考证其年代，稀稀落落的摊位上出售一些草帽之类不起眼的小物件。为将其全部纳入镜头，我慢慢地越过马路，退到路的另一侧，不经意间一回头，眼前是一张活生生的肖像画：一家 pub（餐厅兼酒吧）的深色窗边端坐了一位身着正装的老先生，脸上的褶皱、眼中的历史和过时的装扮，活脱脱依旧生活在属于他的那个年代里。吃惊之余，我强忍着想为他拍照的念头，给了他一个微笑，他纹丝不动，脸上没有任何表情，只有眼神中隐约有一丝暖意一闪而过。

星期天是休息和家人团聚的日子

然后我们驱车去斯托昂泽尔德，它在科茨沃尔德地区的最北面，小镇被两层和三层高的米色石材建筑包围着，开车一分钟就可逛完全镇。马路两边虽然停满了车辆，但见不到人影，商店都关着门，小镇上的人们都还

市场大厅

保持着传统的生活方式，星期天是休息和家人团聚的日子。对游客来说有些不方便，但这也是值得体会的当地风土人情。最近，在报上读到一对殷实的中年夫妇卖掉了伦敦的公寓，在临近小镇上买了别墅，带着三个10岁到15岁间的孩子举家迁离大都市。他们的新家周日不开电视机，不用电话、手机和游戏机，晚上7点前不连接互联网。一家人一起下厨、进行户外活动、照顾花园和菜园，家庭成员间的交流更多更流畅，孩子们从抵触到接受，再到喜欢和无法放弃。丰富的物质生活不一定能立竿见影地提升我们的幸福指数，但千金难买的亲情、关爱和被需要的感觉让我们保持精神愉悦。

我们信步在寂静的街上走走，只有镇中心的圣爱德华厅兼图书馆开门迎客，周末的古董展览会吸引了四面八方的来客。书籍、家居小摆设、饰品、装饰画等应有尽有，我被一只18K的女式金表所吸引，物主介绍说这是一只产于维多利亚时期的古董表，但表链不是原配的。被手表的精致和优雅所吸引，被女摊主的坦诚相告所打动，我买下了手表，现在只要每天为它上足发条，它就能精确地为我报时。

水上伯顿和斯洛特

午饭后，我们先被带到水上伯顿，石板小桥简简单单跨在溪上，溪边的草地被自带野餐家什的游客占领，岸边的餐厅、咖啡馆也都座无虚席，真羡慕当地人就这么幸福地生活在画中。因为游客太多，我们稍作停留后，又去附近更有乡土气息的斯洛特。

人满为患的水上伯顿

如生活在画中

简单的石板桥

为羊儿设置的栅门

古朴的斯洛特分为上下两个小镇，称为上斯洛特和下斯洛特，两个小镇间隔一英里，由一段穿越田野的小道连接。我们一行人依次通过一道以防羊儿跑丢的闸门后，就开始了一个小时的乡间漫步。石子路一会儿引我们穿过田野与羊群为伴，一会儿引我们进入村庄，见证热爱生活的人们用最朴实的绿色和野花装扮的家园。这些园艺没有经过精心修剪，那份自然和野趣让我们这些城里人赞叹不已。中途还路过了一座美庐，它背靠小山丘，占领了一大片森林公园式的领地，这是科茨沃尔德地区一家豪华酒店Lords of the Manor。

民居六

Lords of the Manor

柏油路边的村庄

英国最美乡村的自然情调

当我们再次踏上柏油路时，感觉告诉我们，今日的徒步旅程快要结束了。斯洛特低矮的石块墙、墙头探将出来的野花、参天的大树，让我们享受了英国最美乡村的自然情调。拐过一个弯后，前面宽阔的小溪拦住了我们的去路，美女骑士和她的黑骏马勾起了小汤的骑马瘾，他可是个不错的骑手，小时候曾经接受过一段时间的骑术训练。

美女骑士和黑骏马

神秘的白马图

一匹白马和两座小楼

下午，又到了打道回府的时刻，在途中热情的司机大叔三次停车，让我们最后见识一下英国的历史文化。远远的用白垩在绿色山坡上勾勒出的白马图像，与巨石阵一样也是英格兰最神秘的古代遗迹之一。长约百米、宽约 50 米的白马在 3000 年前被刻进草皮，可是它到底要传达什么信息，无从考证，无人知晓。

司机大叔为科茨沃尔德地区的经典英式建筑自豪，他

两颗小树构成天然大门

在一家私人庭院前停车，让我们在马路上观望，并解释说这种黑色屋顶不仅防风防雨，还特别结实，是科茨沃尔德地区独有的建筑特色，屋主不可以随心所欲地用其他款式的屋顶来替代它。可我更陶醉于这户人家的庭院设计，两颗小树构成了天然的大门，碎石和各种草丛、花卉筑成围墙，修剪整齐的两大片草坪，后花园还有一条植物“绿龙”呢，看似不经意，其实主人是费尽心思来表现淳朴的乡村美。

最后，司机大叔隆重介绍这座歪歪扭扭的土木结构老房子给我们，说规模这么大却能完整保留下来的非常罕见，因为它的年代比那些石砌房屋都要早。

土木结构的老房子

第六感

食——鱼和熊掌不可兼得

去拜访哈利·波特的外景地拉科可前，我们先在1361年起开门迎客的the George Inn用午餐。石砌壁炉、矮矮的屋顶、木头吧台和桌椅，每一处细节都体现了英国文化，墙上满满当当的黑白照片在提醒我们它有悠久的历史和不少趣闻轶事。我们参考了挂在壁炉上的当日特别供应，点了一种特别的紫浆果果汁，酸酸的在夏天喝非常解渴。然后尝了他们自制的香肠拼盘和一种鱼。消灭完盘中餐后我们觉得还不过瘾，因为味道太好令我们吃得太快，美味的食物没来得及在嘴中多停留一下，满足味蕾的需求。可是环顾四周，与我们同车的游客都去镇上了，小酒馆里只剩我俩和在后院太阳底下用餐的司机大叔。贪吃的小汤理直气壮地用我的一句语录，来说服我再点另一道当日特供的鱼，因为我常说“吃”也是一种文化，也是旅游时最不应错过的。可是鱼和熊掌不可兼得，下一次美餐就等小汤18岁后，兑现他开车带我故地重游的誓言之时了。

the George Inn 正门

the George Inn 内景

the George Inn 后院

感——生意经

在科茨沃尔德的另一个中午，我们在路边一个不知名的餐厅用餐，那日的吃没给我们留下任何深刻的印象，但是楼上卖家具和装饰用品的店让人难忘。

一般家具店只卖家具，灯具店只卖灯具，但是这家店整合了一个温馨的家需要的全部，并且按照卧室、书房、客厅等摆放，让客人有身临其境的感觉，再也不用想象这个落地灯放在沙发边上协调吗？客厅的布艺沙发和那套木头椅子相配吗？因为卖家已经为买家模拟好了场景，只等买家渐入佳境后倾囊而购。

家具店内的布景

建议路线

第一天：巨石阵一日游，包括游览巨石阵和埃夫伯里石圈，然后游览科茨沃尔德三个不同风格的小镇：科姆城堡、拉科可国家遗产村、比伯里。

第N天：如果被完美的英国乡村景色迷住了，可以住在心仪的镇上B&B或是豪华庄园式酒店，细细地周游科茨沃尔德地区的每个小镇，如泰特伯里、斯托昂泽尔德、上下斯洛特、水上伯顿、赛轮赛斯特、佩恩斯威克、伯福德、惠特尼、敏斯特洛弗尔、洛里士、莫顿困马什、奇平卡姆登、格洛斯特等。

L o n

don 伦敦

走过…

7月31日

伦敦经典一日游：议会大厦（*House of Parliament*）和大本钟（*Big Ben*）、西敏寺（*Westminster Abbey*）、唐宁街10号（*10 Downing Street*）、皇家卫兵换班仪式、圣詹姆斯公园（*St James's Park*）、白金汉宫（*Bukingham Palace*）、绿公园（*Green Park*）、皮卡迪利街（*Piccadilly*）、唐人街(*China Town*)、科文特花园（*Covent Garden*）、大英博物馆（*British Museum*）

8月1日

白金汉宫一日游：白金汉宫（*Bukingham Palace*）、女王艺廊（*Queen's Gallery*）、皇家马厩（*Royal Mews*）

8月2日

泰晤士两岸和格林尼治一日游：伦敦塔（*Tower of London*）、塔桥（*Tower Bridge*）、格林尼治（*Greenwich*）、伦敦眼（*London Eye*）

Harrods 华丽的的食品大厅

城市

伦敦似一只奢华的万花筒

伦敦，一座久负盛名的国际大都市，有世界上最好的博物馆和美术馆，有红色的双层巴士、红色的邮筒和电话亭、黑色的奥斯汀出租车、桥面收放自如的伦敦塔桥，还有英超联赛、哈罗德百货店、切尔西和梅费尔高级住宅区，以及万众瞩目的英国皇室和他们的影响力。它就像一只古老而奢华的万花筒，每一次旋转后的展现都那么独特和迷人，让人忍不住地赞叹和为之倾倒。

未经风雨的洗礼怎有绚丽的彩虹

在泰晤士河边，最早是凯尔特人建立了定居点，然后是罗马人建成了今天被称为小伦敦城的区域。公元5世纪，罗马人放弃英格兰后,伦敦几乎沦为一潭死水。撒克逊人于今奥德威治以西一英里处,首先建立了名为伦敦维克的城镇，直到9至10世纪罗马伦敦老城才再度复苏。伦敦逐渐发展扩大为拥有20个行政区的大城镇，由此导致丹麦海盗在 9 世纪向伦敦发动多次侵略，最后，撒克逊人不得不接受丹麦国王克努特为英格兰国王的事实。

此后，伦敦取代温彻斯特成为英格兰的首都。温彻斯特被伦敦取代，都是一场大火惹的祸。12 世纪的一场大火烧毁了半个温彻斯特城镇，从此后它开始走下坡路，直到 18 世纪，该镇才得以重建。鲜有人知的辉煌历史有：871—899 年，阿尔弗烈德国王定温彻斯特为都，随后的克努特国王和丹麦入侵者也都以此为都；1066 年诺曼人入侵后，征服者威廉来此称帝，登上英格兰王位的宝座，此后温彻斯特发展迅速。

1042 年，历经千辛万苦后，撒克逊人将丹麦海盗驱逐出了英伦三岛，王位最终交到撒克逊的忏悔王爱德华手中。随后的 1000 年间，王位在多个王朝中不断更替，君主、教会和城市行会一直在争夺伦敦的政治权利。同时，伦敦也急剧扩张为超级大城市，虽然其间受到过几次重创：1348 年，欧洲驶来的船舶上老鼠带来了黑死病，次年夺取了三分之一伦敦人的生命；1665 年，再次爆发大瘟疫，瞬间夺取了 10 万人的生命；1666 年，一场前所未有的“伦敦大火”烧毁了大部分伦敦中世纪、都铎王朝和詹姆斯一世时期的建筑——但这一切都没有阻止伦敦前进的步伐。

重创后的伦敦一直在重建和不断扩展，到 1700 年，发展为欧洲最大的城市，人口达到 60 万人。1837 年，维多利亚即位后迎来了大英帝国的鼎盛时期，伦敦也随即成为大英帝国“撬动地球”的支点，本国国土和殖民地国土面积一度占据了四分之一个世界。

哈罗德百货店

第一次世界大战期间，伦敦遭受的破坏相对较小。第二次世界大战时，纳粹的空袭则几乎将伦敦的中心区域和东区夷为平地。之后，它又在 1952 年经历了最后一次大灾难——伦敦大雾，由雾、烟和污染物混合而成的致命烟雾在 4 天内夺走了 4000 人生命。那年 12 月 5—8 日，伦敦上空处于高压中心，一连几日无风，又值冬季取暖时节，大量的燃煤被使用，烟灰粉尘和湿气构成的烟雾弥漫在泰晤士河两岸，许多人感到呼吸困难、眼睛刺痛、流泪不止。两个月后，又有 8000 多人陆续丧生，这就是骇人听闻的“伦敦烟雾事件”。

历经多种坎坷后，20 世纪，伦敦当之无愧地成为城市、城镇、乡村相结合的大都市，但看不到似纽约、曼哈顿的现代风格的摩天大楼和耀眼灯光的不夜城，它有的是传统、古典、优雅地浸润在历史中的老建筑。入夜后，寥寥几笔神秘的暖色调灯光就勾勒出低调华丽的帝国魅力。

大本钟

游历

7.31

伦敦有三个机场连接着世界各地，10个火车终点站向英国各地和欧洲发车，12条地铁和一条DLR织成一张城市地下网络，地面有双层红色巴士和黑色出租车各司其职，想要看水景，则有遨游在泰晤士河的水上巴士。如此庞大、触角向四处伸展的伦敦，的确很难让一位初来乍到者找到方向感。依据前两次在伦敦的短暂旅行经验，我首先制定了集历史文化、王室风范、自然公园、唐人街和博物馆于一体的伦敦经典一日游线路。

议会大厦和大本钟

蒙蒙细雨中，我们随人流走出了西敏寺地铁站，议会大厦和大本钟在灰色的天空笼罩下毫无生气，担心细雨飘湿我的心爱之物徕卡相机，我决定留待他日来补拍这些标志性建筑。

电影《三十九级台阶》让大本钟家喻户晓，电影中的男主角奋不顾身地扑出窗外，用尽全力拉住大本钟的时针，不让它指向炸弹引爆的时间 11 点 3 刻。如今，它的同名音乐剧每天在伦敦的东区上映。大本钟钟楼高 95 米、直径 9 英尺、重 13.5 吨，抑扬顿挫的钟声经常回响在新闻频道节目预告、欢庆新年，或阵亡将士纪念日默哀开始的时候。

新哥特式风格的议会大厦是英国的政治中心，分为上院和下院。在君主立宪政体时，上院的门只对贵族敞开，称作 House of Lords，由王室后裔、世袭贵族和教会的重要人物组成，现在是英国最高司法机关，上院议长由大法官兼任。下院接纳平民议员，称作 House of Commons，议员由全国选民按小选区多数代表制直接选举产生，行使立法权、财政权和行政监督权。

游客可以在网上申请参观大本钟钟楼，也可以通过本国驻英使馆申请参观议会大厦的参观券，旁听执政党和反对党对民生问题针锋相对的辩论和讨论。BBC 公司专门有一个电视频道，即时转播这些政治家们斗嘴时的百态。这档节目也是学习英语的一个窗口,BBC 播音员的口音太纯正，而政治家们则操持原汁原味的英语，并且是受过良好教育的优雅口音——在英国，由于教育程度和出身差异，会导致人们在语言使用上有明显的“上只角”和“下只角”之分。

西敏寺

西敏寺

西敏寺与议会大厦隔开一条马路遥遥相望，是早期英国哥特式建筑中最完美的典范，其特别之处是它从来不被列入大教堂的范畴，而是皇家的特有财产，归国王直接管辖。除爱德华五世和

反战抗议人士的帐篷

爱德华八世之外，自 1066 年的征服者威廉开始，每一位英国君主都在这里加冕，而且大多数君主都安葬在这里。2011 年 4 月，全球直播的威廉王子和凯特的婚礼，更让世人一睹其华丽、庄严的内景和皇家婚礼的礼仪形式。

然而，西敏寺门口的警卫拦住了我们兴冲冲的脚步，说当天有活动安排，不对游客开放。这一来，我真是三顾茅庐而不得入其内了！不过，有些入内参观过的游客看着大家失望的神色，说，与其在西敏寺内部拥挤着去看小礼拜堂、纪念碑和君主墓穴，还不如在蓝天下欣赏建筑的本色美。对我们来说，这些话语真是一剂强烈的安慰剂。

西敏寺前面的广场上，照例支着一些反战抗议人士的帐篷，他们坚持驻扎在此，提醒每天在议会大厦进出的议员们，不要忘记战争给国家、平民和家庭带来的伤痛。多年来，伦敦市长一直想让他们从公众的视野中消失，但是马拉松式的司法程序并不隶属市长大人的管辖范围，市长也无权将抗议者们强行驱逐出广场。事实上，政府并不能驳回合法示威者的罢工、游行计划等。在这个国家，政府、市长和市民都必须合法地——也可以合法地运用法律条款维护各自的利益。

唐宁街 10 号

告别西敏寺，我们向北走去唐宁街，这条短短的街道有着沉重结实的黑色栅栏铁门守护，街道两边是黑墙白门的英国首相官邸和办公室。简单的白色阿拉伯数字“10”缀在朴实的黑色木门上，这里就是英国政府的中枢了，也是英国政治的权力核心之一，英国首相常以此为背景，向全世界发表一些重要声明和演讲。

1991 年 7 月，爱尔兰共和军把一辆白色客货车停泊在白厅，车上的迫击炮弹在后院被引爆，炸出一个大坑，震碎了内阁会议室的玻璃，但幸好未造成人员伤亡。这是对英国首相府最具威胁的暴力事件，之后的警卫工作不断加强。现如今，游客只可以在铁门外短暂停留，向内张望，幸运的话能亲眼观望到政界要人在唐宁街 10 号进出。严密的保安措施非常隐蔽，我们这些门外汉根本看不到也摸不着——没准儿，身边貌似游客的仁兄就是一位荷枪实弹的警员呢。

皇家卫兵换岗式

英国王室还保留着皇家卫兵，他们分骑兵和步兵两种，都身着国旗上的红蓝两色制服，骑兵头戴金色镶有红穗的头盔，步兵头戴高高的黑色熊皮帽。他们特别的装束、特殊的身份、固定不变的仪式等，都经常成为游客们猎奇的焦点，我们也不例外。

威武的皇家骑兵

等待皇家卫兵换岗仪式

离开唐宁街10号后，我们首先来到了距离不远的惠灵顿兵营。只见拱形门洞内，威武的皇家骑兵稳稳地端坐在一人高的黑骏马上，游客们都可以上前合影留念。穿过长廊就是后院广场，这里可以等待着观看红蓝两队骑兵的换岗仪式，这时，许多游客都踩着点从四面八方聚拢过来了。随着两队队长发出高亢的口号声，红蓝

两队骑兵以刚劲有力的动作出列，完成绕场和相互致敬等固定仪式，之后，新接岗的两名卫兵就各就各位、各司其职了。一丝不苟的仪式，让人一睹昔日王室生活的奢华和讲究。不过，令皇家意想不到的是，这些步兵头上的皮帽还"吸引"了一些动物保护主义者的注意，他们拿此开刀，痛陈为让全英皇家步兵戴上这顶华丽的熊皮高帽，有多少头黑熊要惨遭屠杀的残酷现实。

红蓝两队骑兵分别威武地出列

圣詹姆士公园·白金汉宫·绿公园

欣赏完华丽的卫兵换岗式后，我们向西穿越圣詹姆士公园。在伦敦市中心的公园中，狭长的圣詹姆士公园是最古老、最小巧和装饰性最强的，秀丽的窄湖贯穿整个公园，白天鹅游弋其中，喷水池欢畅不已。每天下午 3 点，这里的鸟类喂食活动吸引了大量儿童踊跃参与，夏季还不定期举办露天音乐会。我们沿着湖边的小道惬意地向白金汉宫走去，沿途的伦敦眼、圣詹姆士宫也留不住我们的脚步。

游弋的白天鹅

欢唱的喷水池

圣詹姆士公园的尽头就是白金汉宫了，它的主体于1703年开始建造，直到1837年，维多利亚女王登基后，才正式成为英王的寝宫，现在是伊丽莎白女王二世的行宫，用于招待各国贵宾和王室成员的会晤。王宫前是圆形的喷水池和维多利亚女王的鎏金雕塑。

虽然围墙和铁门严严实实地挡住了公众的视线，但王宫门前、花坛边到处都是慕名而来的游客，

白金汉宫

即使是“到此一游”的拍照留念也需要耐心排队，并迅速地见缝插针，可以说是伦敦游客密度最高的景点之一了。现代人的“王室”情结，让这些古老的建筑在影像里散发出神奇的魅力。

每年夏季，英女王都会去苏格兰避暑，这时，白金汉宫就会短暂对外开放。正巧我们下榻的酒店可以提

森林般的绿公园

供使用快速通道游览王宫等地的套票，我们当时就毫不犹豫地购买了，准备明天花上一整天的时间参观白金汉宫和其他皇家专用场所。能身临其境地体验一下目前世界上最大的、并且尚在使用中的王宫，是一件令人向往而兴奋的事。

白金汉宫右手边上是呈三角形的绿公园，它只有两个简洁的设计元素：连绵的草坪和参天的大树。当我们站在公园的主干道上眺望整个公园

草坪上的躺椅

时，惊讶万分，就像是在繁华闹市中突然闯入了一片原始森林。只有从远处树缝中依稀可辨的城市建筑的一角和草坪上简简单单的几处躺椅提醒我们，这儿不是深山老林，而是都市人享受自然的佳处。我们由南向北纵向穿越这座公园，前方便是去伦敦购物金三角内重要的皮卡迪利街，这条街道又通向伦敦三处不同档次的购物中心：邦德街、摄政街和牛津街。

伯灵顿市场街

皇家艺术学院内庭

皮卡迪利街上的老派英伦经典

离开绿公园，我们沿着皮卡迪利街向东走去，一路上先经过邦德街。那里汇聚了许多世界一线品牌店，如卡地亚、夏奈尔等，都有旗舰店驻扎在那儿，购物者中，属亚洲和中东游客的购买力最强。邦德街隔壁的皇家艺术学院时常举办顶尖的专业美术作品展，蜿蜒排队等待进场的队伍有时满得溢出庭院。继而是著名的伯灵顿市场街，玻璃拱顶下一小间一小间的，是英国本土的一流品牌店，对钟情英

Fortnum&Mason

式情调精致小店的游客有着极大的诱惑力；街对面是英国历史最悠久的食品店 Fortnum&Mason，许多游客都喜欢在这座百年老店内选购茶叶、糕点等各种礼物，早先它们可都是只供王室专用的哦。过了食品店，我们看到穿着燕尾服、戴着黑色高礼帽的门童在里兹酒店门口风度翩翩地为客人服务——五星级里兹酒店提供的下午茶，是全英最传统和奢华的英式下午茶之一。

沿着里兹酒店边走边看，我不由得特意向小汤仔细描绘起我和老汤两次在这里享用下午茶的惬意感受，想勾起他的向往和憧憬。可是小汤不为所动地说，还是等以后他再长大并老成些，再安排用下午茶这种传统风格的活动吧！这就是我们母子间最深的代沟：我偏好参观和体验有历史沉淀的老建筑，体验传统文化；而小汤喜好时尚、活力四射的新地标，并喜欢刺激的时髦游园活动。代沟是无法避免的，但幸运的是从未在我俩间造成矛盾和冲突，因为小汤虽然对怀旧兴趣索然，但还是会尽量接受我的意见，陪伴我参观一些世界文化遗产名录上的经典景点；而我也会兴致勃勃地与他一起，在世界各地的迪斯尼乐园和其他主题公园"疯一把"。

里兹酒店

唐人街

我们继续向东，马上就到了游客集散地皮卡迪利圆形广场，以这个广场为中心，有多条马路四散出去。广场四周有游客中心、购物中心和东部剧院区，再向东 5 分钟，我们就抵达了伦敦的唐人街。

伦敦的唐人街在国外属于规模较大的，餐厅、超市、书店、律师楼、中药店、理发店、汇款代理等齐聚一处，华人在英国人的世界里无法办妥的事，基本上在这儿都能搞定。我们逛了一圈，补充了一些零食，又饱餐了一顿粤菜，找回了一些自由自在地在自家地盘上活动的爽快感。但是，相比伦敦的其他所到之处，唐人街的确不免有些"脏乱差"，让人有些遗憾，有些无奈，也有无尽的期待……

伦敦唐人街

科文特花园

离唐人街 5 分钟脚程的科文特花园，拥有一个广场、一座修道院、一个含餐厅和商店的室内市场、一个露天市场和一座博物馆，但是没有熏人的油烟气，没有滑腻腻的道路，热闹却秩序井然。交通博物馆讲述了伦敦从遍布马车演变成汽车为王的过程；餐厅以西餐为主，高峰时段还有现场歌剧表演吸引客人；周围长廊下的商店中有世界上最大的“苹果”专卖店和其他品牌服装店，以及纪念品

长廊下有世界最大的苹果旗舰店

科文特花园里的市场

商店等；露天广场上可以买到新鲜可口的食物，淘到喜欢的银器、首饰等手工艺品，可谓女性的最爱；加等女修道院前的广场，夏季的每个周末都有卖力表演的街头艺人，增添了更多的热闹。

我们被这处充满了西方广场文化的科文特花园吸引着，左顾右盼，而西方游客则在唐人街对着中餐厅橱窗内挂着的烤鸭、叉烧和乳猪一通狂拍和议论，这就是不同文化的碰撞、交流和互补。

人们往往对身边熟悉的人、事、物熟视无睹，因为总觉得今天不去关注、不去欣赏，明天它们依然还在，有种永远都不会错过的错觉。而当我们在外旅行时，那种得来不易、一旦错过可能永失良机的紧迫感，则会让我们的感知变得无比敏锐，就像“第三只眼”突然打开，开始警觉地探索外面的世界不一样的独特文化。突然，我理解了为什么展示一个城市的明信片，需要请一位从未到过这个城市的摄影师来拍摄，他们对一个陌生城市的热情与敏锐，必定会贡献出一批不同凡响的作品。

大英博物馆

告别广场文化后，我们向北来到了伦敦的大英博物馆，它是与巴黎的罗浮宫、纽约的大都会艺术博物馆、俄罗斯的圣彼得堡博物馆齐名的四大博物馆之一。

大英博物馆成立于 1753 年，建馆初期时的收藏是由

大英博物馆

雅典帕台农神庙

汉斯·斯隆博士收集的，他去世时，除植物标本、藏书和手稿之外的收藏品计有 79575 件。1759 年 1 月 15 日，大英博物馆首次对外开放，虽然参观券是免费的，但“好学和好奇之士”颇费周折才能求得一票，且进馆后必须由导游陪同参观。

参观大英博物馆必看的镇馆之宝有：埃及罗塞塔石碑，是解释埃

埃及法老拉美西斯二世的头像

埃及法老阿梅诺菲斯三世的头像

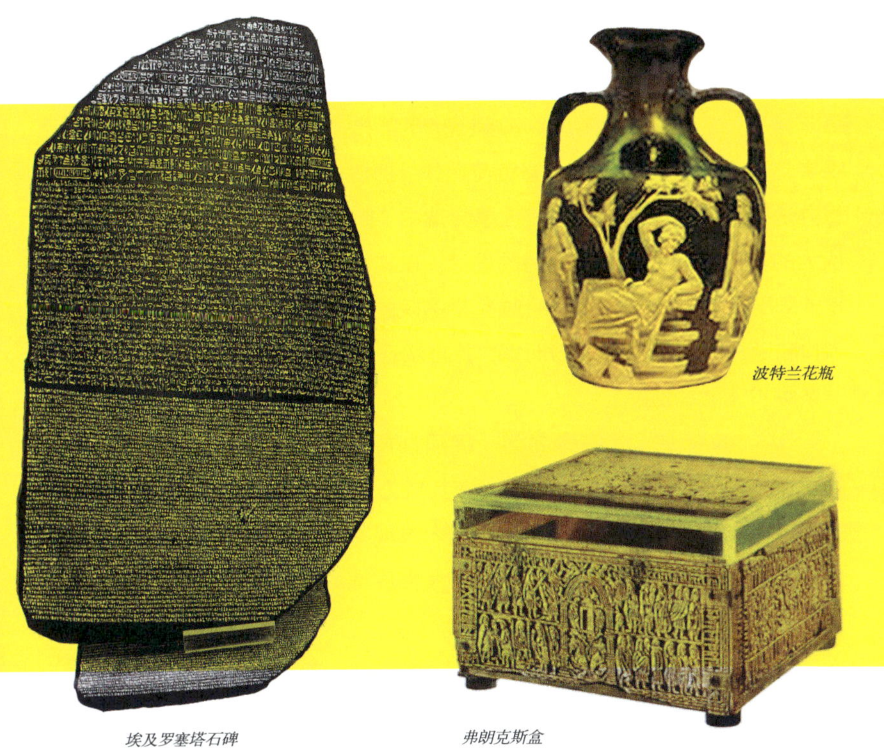
波特兰花瓶

埃及罗塞塔石碑

弗朗克斯盒

及象形文字的钥匙；雅典帕台农神庙的大理石雕刻，浮雕上长长一列骑手和信徒的队伍，表现的是每四年举行一次的泛雅典娜节；第十九王朝埃及法老拉美西斯二世的头像；戴着由红花岗岩石雕成的王冠的第十八王朝埃及法老阿梅诺菲斯三世的头像；公元 700 年由撒克逊人用鲸鱼骨制成，1867 年弗朗克斯购得后捐献给大英博物馆的弗朗克斯盒；罗马帝国时期的一件宝石玻璃的杰作波特兰花瓶。

1823 年，由罗伯特 · 斯莫克爵士设计的大英博物馆每年接待 10 万人，然而到了 20 世纪 90 年代，每年的参观者超过 600 万，使博物馆超负荷运作，拥挤不堪，必须想办法解决。1993 年，博物馆理事会选中了弗斯特及其合伙人的设计公司，按照弗斯特的设计，在其建筑中央阅览室的周围平地上建起了一个跨越整个庭院的公共区域，使入口和通道的拥堵问题迎刃而解，并首次在博物馆开辟出一条纵贯南北的道路。

2000 年 12 月，这座命名为"伊丽莎白二世大展苑"的展馆对外开放，巨大的室内空间使其成为伦敦第一个户内都市市场，许多大型雕塑在大展苑内表现着自然美的张力。网状拱顶由玻璃和钢材制成，最大程度地利用了自然采光，气势恢弘，精妙绝伦。

我们按图索骥将镇馆精品一一过目后，就去中国馆查看，可是一些大型的唐三彩、佛像、瓷器以及字画等不易保存的稀世珍宝都没有对外展出，令我们好不失望。

时间有限，我们只能在艺术的海洋中浅酌了一小口，随着小汤赴英读书计划的实施，一流的大英博物馆一定还会吸引我们多次光顾。

我设计的这一整天暴走路线覆盖了英国的政治（议会大厦、大本钟、唐宁街 10 号）、王室（皇家卫兵换班仪式、白金汉宫）、经济（皮卡迪利街）、宗教（西敏寺）、文化（唐人街、科文特花园、大英博物馆）和自然（圣詹姆士公园、绿公园）等六大社会元素。傍晚，我们拖着酸胀的双腿，将疲乏的身体陷在晚餐桌边的沙发中，痛苦并快乐着。我们的脑海中已清晰地勾勒出了英伦的轮廓，轮廓中的"血和肉"则需他日对这个城市的深入理解后再作填充了。

拱顶下的大型雕塑

白金汉宫后门

8.01 白金汉宫

通过酒店的预订渠道，我们就不用再排几个小时的队，去现场购买参观白金汉宫的门票了。但即使是在快捷的白色帐篷通道内，我们也等候了两个多小时才进入王宫。

从正门入口进入，到上二楼参观，到再下楼从花园出口离开，参观的全程都有红色的丝绸绳缆圈定路线和方向，四周的工作人员常常提醒大家不要过久停留。鎏金雕花栏杆、历朝历代王室人物的大幅肖像画、国宴厅内望不到头的长条桌、从装饰繁复的天花板上垂下的大型水晶吊灯、粉色的女王宝座等，这些传说中的王室珍品看得我们眼花缭乱、目不暇接；还有王宫建筑本身气度不凡的壮观和皇家专用品的霸气和辉煌，都需要身临其境才能体会。

非常遗憾的是，在白金汉宫内禁止摄影和录像，因此无法用图像还原我们所见到的大殿、舞会晚宴厅、国宴厅、蓝色接待厅、音乐市、白色接待厅、画廊、绿色接待厅等。

参观完毕后，我们从通向花园的出口离开白金汉宫，每年夏天，女王会在花园内宽敞的草坪上举行盛大的千人招待会，平日这里就当直升机停机坪使用。女王的后花园只对公众开放一个小角落，但足以展示其曲径通幽之妙和优雅曼妙了。小道边有两处提供蛋糕和冰激凌的食摊，工作人员介绍，这两道甜点都是国宴上最受欢迎的甜品。坐在皇家花园内，我和小汤合

婀娜多姿的白金汉宫后花园

炫目的金色马车

力将各品种都尝了个遍，它们味道纯正，的确是上品，但价格也是同类产品的一倍。今天，我们算是女王的座上客了吗?

女王艺廊

跟随参观指南的引导，我们来到女王艺廊。它是在“二战”时期被炸毁的私人小教堂遗址上建立起来的，用 2000 万英镑翻修、扩建后，于 2002 年重新对外开放，以庆祝女王的 50 年金婚。艺廊外表古朴，内部展厅小巧玲珑，经常轮换展出女王收藏的各类艺术精品。玻璃橱窗内都是一些精妙绝伦的王室专用无价之宝:

小汤认真鉴赏王室用车

王冠、权杖、宝剑等王室加冕时用的权力象征物。最吸引游客争先观望的，是权杖上镶嵌的那颗世界上最大的钻石——530克拉的"非洲之星"。

皇家马厩

远远的，我们就凭着马粪的气味嗅出皇家马厩的方位了。这儿的参观环境相对宽松，可以仔细观赏不同时期、不同用途的王室专用马车和汽车。那辆1762年制成的炫目金色马车专供国王加冕时使用，豪华得有些不真实。一向对汽车兴趣十足的小汤认真鉴赏着这些王室用车。

辛苦了一天，我们终于在规定时间内参观完了王宫宝地。相机内并未留下多少记录，几乎绝大部分都铭刻在了脑海里。这一次参观，也让我们清清楚楚地明白了平民生活和王室生活的巨大落差。有些皇

家奢华和考究的物质生活细节，超出我们的想象范围——可是，我们随心所欲的自在生活方式，也许他们也时常在梦中憧憬？当媒体采访名人时，他们往往觉得自己在为他人活着，真想做回一个简简单单的无名小卒；而生活里的小人物，也颇有兴趣地关注和羡慕名人耀眼夺目的生活和曝光率，幻想哪天也过一把名人瘾。对岸的风景总是好些，隔壁车道的车流量总是快些——但是，得不到的真的是最好的吗……

伦敦塔

8.02

伦敦塔

伦敦共有三处世界文化遗产：西敏寺、伦敦塔和格林尼治。与西敏寺失之交臂后，伦敦塔和格林尼治是我们今天的目标。

1078年，征服者威廉为了保卫伦敦免受攻击，为伦敦塔塔楼铺下了第一块基石，20年后建成了威严的塔楼：高32.6米、共分三层、双层石壁、窗户狭小、塔楼四角耸出四座高塔，因采用乳白色的石块建成，史称白塔。13世纪，后人在白塔外围增建了13座塔楼，形成一圈环拱形的卫城，在卫城外围再修建了环绕城墙的护城河，至此，伦敦塔初具规模。这组插翅难飞的塔楼群，曾经是保卫或控制全城的城堡，是举行国家会议或签订协约的王宫，是关押最危险敌人的国家监狱，是软禁或保护王室的庇护所，是当时英国唯一的造币场所，是储藏武器的军械库，珍藏王室珍宝的宝库和保存国王秘密法庭记录的档案馆。

作为一个防卫森严的堡垒和宫殿，英国数代国王都在伦敦塔居住，后来这里成为宫廷阴谋和王室斗争的险恶之地。爱德华四世的一双幼子，爱德华之前的国王、堂兄及弟弟，亨利八世的两位王后，先后被囚禁并处死在伦敦塔。伦敦塔一度成为

插翅难逃的伦敦塔

狮塔遗址

令人毛骨悚然的“死狱”,“送你去伦敦塔”一度就是“送你上不归路”的代名词,在第二次世界大战期间,希特勒的副手鲁道夫·赫斯也是关押在伦敦塔内的阶下囚。

一个 30 米宽的带墙堤道,曾经是陆地上唯一的一个进入伦敦塔的入口,首先通向狮塔,那里国王养了狮子、豹子、熊、狼等猛兽。如今,狮塔已不复存在,野兽们也被送往伦敦动物园。我们从狮塔遗址边,穿过铺在 1834 年排干的护城河上的堤道,直接进入伦敦塔参观。那日艳阳高照,我们跟随拥挤的游客一起逐一参观血腥塔、断头台、行刑室等,感觉还不算太阴森和压抑。

但是,长久以来,一直传闻冤魂时常在此出没,也有游客常常提及所撞见的异象。英国科学家经调查后发现,伦敦塔内确实有些地方磁场异常强烈,还伴有次声波,一些建筑结构造成气流通过速度较高,形成不确定的风,强气流还会在隙穴中快速流动造成啸叫声。科学家们认为,这些正常的物理现象结合伦敦塔的血腥历史,会引发人们对“闹鬼”的无限遐想。

除了参观伦敦塔建筑群和历史遗迹外,伦敦塔现时作为英国著名的博物馆之一,在展示厅内陈列了英国和其他国家的古代兵器、盔甲、王冠、王袍等。设在地下室的英国王室珍宝馆,是游客停留时间最长的人气馆,主要展出了 17 世纪以来历代英国君王使用过的王冠、权杖和王室珠宝。没有机会在白金汉宫内的女王艺廊一睹王室珠宝的游客,在此可以弥补他们的遗憾。

徐徐开启的塔桥

塔桥

19 世纪末期，随着贸易的发展，伦敦的城市范围向东部扩展，迫切需要在伦敦塔的西面再建造一座新桥。考虑到大吨位的船只顺利通航，最后特别委员会决定采用霍拉斯·琼斯的方案，造一座桥面由蒸汽机控制、可以随时开启和关闭的塔桥。开启后的两扇桥面呈 83 度，可以在一分钟之内被升起，因为它们的轴位于其重心上，

减少了起降时所需的力。现在，塔桥的升降由电动机控制。

这座塔桥不仅具有实用性，它还是泰晤士河上最美丽的一座桥。桥面上两座新哥特式风格的塔高 65 米，连接塔楼顶部的是人行道，游客可以从北塔乘电梯直达塔顶，行走在泰晤士河上方，饱览两岸风光。来的早不如来得巧，眼前的塔桥南北两处都亮起了红灯将车辆拦在桥下，桥面徐徐升起，从上游缓缓驶来了一艘高扬风帆的帆船，这一特别的美景吸引了两岸游客争相拍照留念。

为了全方位观赏塔桥，我们选择乘坐泰晤士河上的水上巴士，先远观塔桥，再慢慢从塔桥底下穿过。我们乘坐的是快速水上巴士，也是伦敦人出门的一种交通工具之一。宽大的船体约有百来个沙发座，迷你吧台提供饮料和小点心，舒适的环境给人似乎坐在电影院的感觉，上映的大片便是泰晤士河两岸的风光。

靠泰晤士河两岸的长长的人行步道，是喜欢慢跑的市民的首选项，优越的环境会引起那些只能日夜在跑步机上发力的人的深深嫉妒。我们在船上能轻易辨认出一些快速掠过的风景，它们都是伦敦一些标志

老皇家海军学院

性的建筑：议会大厦、大本钟、伦敦眼、千禧桥、伦敦塔、塔桥、新市政厅、圣保罗大教堂、泰特当代美术馆、银行集中的新区、金丝雀码头、O_2 千禧蛋形剧场等。基本上见不到火柴盒式毫无特色可言的建筑，不同风格、材质和外观的西洋建筑，直观地勾勒出这座城市的历史层次感。

格林尼治

半个小时后，我们乘坐的船慢慢地在格林尼治靠岸了，岸边壮观的浅色花岗岩石建筑是老皇家海军学院。一墙之隔处，看上去像是一片工地，正在整修格林尼治著名的标志物——Cutty Sark 号帆船，1869 年它下水时，是当时最快的一条帆船。

码头边的广场上，当地居民有的坐在树荫下闲聊，有的逗弄着童车内的幼儿，还有不少步行或推着自行车的居民从一个红砖墙、玻璃顶的建筑内进进出出。在好奇心的驱使下我们走

穿越泰晤士河的隧道入口

格林尼治镇广场

泰晤士河底的隧道

近查看，才知道原来是泰晤士河底直达对岸的人行隧道入口处。随着螺旋形楼梯下到隧道，我们无意中发现了格林尼治人去河对岸的捷径。

穿过具有乡村情调的格林尼治镇，进入硕大的格林尼治公园后，我们向小山顶上的皇家天文台走去。1675 年，英国国王查理二世被说服建造一座皇家天文台，同年 8 月

老皇家海军学院全景

格林尼治天文台

10 日在此安放了奠基石。英国的天文学家通过长期的精确计算和测量，1851 年设立了本初子午线，在 1884 年的国际会议上得到各国的同意和确认。本初子午线将地球分为东西两个半球，格林尼治时间也从此成为全球标准时间。

皇家天文台庭院门口牧羊人时钟还在运转，它以前是显示格林尼治标准时间，现在由一架超精确电子计时器替代了。庭院内一条不锈钢长条就是本初子午线，游客们都耐心地排队上去，留一张脚跨两个半球的标准像。每晚，天文台还会向外射出一道绿色强有力的镭射光束，将本初子午线印刻在伦敦北部的夜空中。

我们参观完皇家天文台各种天文观测工具和历史后，又去了后院的副楼，这里最珍贵的展物是一块 45 亿年的陨石。我们不仅亲眼看到这块黝黑的陨石，还亲手触摸了它——这难以置信的一刻让我们至今常常忆起。

等待与本初子午线合影

辅楼内藏有 45 亿年前的陨石

伦敦眼

参观完格林尼治皇家天文台后，我们原路返回码头，乘船顺流而下，去最后一个景点伦敦眼。正逢下班高峰，在金丝雀码头停靠时，大量在新区办公的白领们涌入船舱，将座位迅速填满。相对拥挤的地铁来说，虽然船票要贵出一大截，速度也慢，但是舒适的环境和窗外的两岸风光，还是吸引了一大批固定通勤客。

触摸 45 亿年前的陨石

伦敦眼

伦敦眼在泰晤士南岸，是伦敦的地标之一，也是最吸引游人的观光点之一。世界上第三大的伦敦眼总高度 135 米，于 1999 年底开幕，共有 32 个全封闭式乘坐舱，每个最多可容纳 15 位客人，转速约为每秒 0.26 米，即一圈需 30 分钟。工程师透露，为确保重 1600 吨的伦敦眼安全运行，在设计、建造时其所需的电脑计算能力，超过世界上任何最大、最复杂的建筑。

由于游客众多，最快捷、省力的方法就是预先在伦敦眼的官方网站上购票，由此精确锁定你想游览的具体时间。到参观当日，只要提前 15 分钟到达票务大厅，取票后排队进舱即可。我们正是这样安排的。

参考了许多登上过伦敦眼、鸟瞰过方圆 25 英里范围内壮丽景色的前辈们的意见，我们选择在一个能见度超高的大晴天上伦敦眼，并且将我们的参观时间锁定在日落时分。选择日落时有两大原因：其一，夕阳西下时柔和的光线最适合拍照，那时也是一天中最充满浪漫情调的时刻。我和小汤是母子档，但是我们对“浪漫”的体会超越了情人间的“化学浪漫”，这种“大

就要登上伦敦眼了

窗外的泰晤士河北岸

泰晤士河南岸

浪漫”是对大自然造物的感慨和享受；其二，夕阳西下后，其他景点大都关闭了，我们此时转游伦敦眼，合理而最大限度地利用了有限的游览时间。

我们顺利地在自动取票机上取到提前在网上预订的观光票后，排了一刻钟光景的队，就与其他游客一起进入了伦敦眼的乘坐舱。虽然是夕阳，日头照在身上还是火辣辣的，所幸全封闭的乘坐舱内空调送出了习习凉风，将燥热拦在了窗外。窗外的夕阳将四周的建筑镀上了金边，给人温馨、令人感动的暖紫色暮色笼罩着大地。周围的“同舱室友”都静静地用心欣赏窗外美景，我和小汤同时还在观察如何拍到满意的照片，既要避开透明玻璃舱体对阳光的严重反光，还要兼顾拍摄的时机和角度，因为我想表现在直升机上航拍泰晤士河两岸的效

果。当我们的乘坐舱抵达最高点后，所有人一边赞叹着，一边相互谦让，以各自中意的背景留下这个特别的、悬在伦敦上空的浪漫黄昏。

运营伦敦眼的公司还提供包租一个乘坐舱的特别服务：一些家庭包租一个乘坐舱，可以几代人齐聚一堂，观赏伦敦美景；情侣们在黄昏时包租一个乘坐舱，再加上一瓶香槟，可以在伦敦上空上演一幕浪漫求婚；当然，夫妻们也可以在华灯初上时，在包租的乘坐舱内享用一顿烛光大餐，以庆祝结婚纪念日、情人节等一些动情的日子。

夕阳时分悬置在伦敦上空最高点的瞬间

第六感

食——里兹酒店的下午茶和我的四十岁生日

五年前和老汤第一次到访伦敦时，我们下榻在里兹酒店，并第一次享用了全英国顶尖奢华的英式下午茶。通常，住店客人可以即时预订下午茶，而外来访客则需要提前几个月预订。这里的下午茶最重要的一条是着装要求：先生必须着西装、女士必须着裙装，不然侍者会礼貌地提醒你换装后才入内。

下午茶的餐厅内，宽大的大理石大厅、重重叠叠垂落下来的金色水晶吊灯、高雅的英伦古典软体装饰，是视觉盛宴；一位“老迪克”先生、三角钢琴和他的即兴演奏，是听觉盛宴；几十种英国茶随意选择，三层塔状的点心托盘从上至下盛满了各式迷你甜的、咸的点心，是味觉盛宴。我们环顾四周，有些老先生每天都在固定的座位上喝下午茶阅读报纸，贵妇们则穿着华丽的拖地长裙、戴着插满羽毛的礼帽款款入座，而我们新新人类好像是有些扎眼地入侵了他们的老派生活。

去年，我们又在伦敦，且正逢我四十岁生日，于是就和朋友一起再次去里兹酒店庆贺。大厅依旧，茶点也没有大的变化，但钢琴独奏换成了四人室内乐，贵妇和老先生都不见了踪迹。是我们来的时间不巧吗？几年的光阴，老派生活难道就这样被与时俱进的现代生活方式取代了？在老汤的用心安排下，厨师长特意为我做了小小的生日蛋糕，随着乐队加奏的生日快乐曲目端了上来，在场的全体客人一起热情地鼓掌，祝我生日快乐。我身着小黑裙，配戴老汤精心为我挑选的De Beers生日礼物，起身用灿烂的微笑向大家送去由衷的感谢——当然，更多柔情的眼神投向老汤，一切尽在不言中。这的确是一次深深刻录在我记忆磁盘上的生日派对之一。

二十岁生日时，正逢特殊事件在华夏大地发生，老汤还是想尽办法买到了生日蛋糕，在公共交通几乎瘫痪的状况下，与朋友一起赶到家里祝贺我的生日。他说：一生只有一次二十岁。以后的十年，我恣意挥霍青春，期盼在经济上的独立、期盼拥有一个温馨的两人世界。然后，顺理成章地摆脱了父母的视线，为人妻、为人母。

三十岁的生日悄无声息地溜走了。中国俗话说“三十不做，四十不发”，这给了我一个堂而皇之的理由不庆祝三十

岁生日。再者，家中已有一位顶天立地的男子汉,演绎着“先成家，后立业”的神话。老汤于是说，那他就送我一份特别的生日礼物吧！那辆白色宝马，多年后时常被朋友在聚会上忆起，这份独具匠心的礼物和一往情深的宠爱，被他们津津乐道着。可新手上路总是表现幼稚，既不明理，又不理智，还不成熟，时不时地勇闯死胡同。以后的十年，我相夫教子，或许尘埃已落定，就是“执子之手，与子偕老”矣。

四十岁以后，人生一半的页数已经悄然翻过，在经历了许许多多开心和不开心后，我的性格与脾气，甚至连身材和相貌，都历经了新一轮的排列组合，从线条硬朗的白领蜕变成柔情似水的 lady。虽然心智日趋成熟，但在我清澈的双

秋色正浓的绿公园

眼中丝毫找不到岁月带来的沧桑，时间似乎没在我富有亲和力的一颦一笑间留下任何痕迹，这都是因为爱。我逐渐悟出，“中庸之道”是经营婚姻和为人处世的法宝，因为这世上从来不存在百分百的对和错，也从来没有绝对的好人和坏人。能带给你幸福的事和人，对你而言就都是对的和好的。心平气和地做一个温柔可人的美丽 lady，自己快乐着，也让身边的人快乐着，就是我这十年的心愿。

期待着庆祝五十岁的生日，那会是一个收获一箩筐幸福的美日子。

行——伦敦的街头文化

打开伦敦中心区域的地图，便看到上面绘有大片的绿色，除了前文中提到的圣詹姆斯公园和绿公园，还有比它们大三倍的海德公园、肯辛顿公园、摄政公园和荷兰公园，其他小公园和街心花园更不用说了。这些公园都管理良好，环境一流，如海德公园大到可以

享受露天音乐会

进行骑马练习，并且它们全都是免费对公众开放。伦敦人骄傲地说，我的爷爷就是在这些公园内长大的，现在我的孙子正在草地上蹒跚学步。

上海市中心的人民公园在我儿时的记忆中，也有大片的绿和粗大的树木，但到小汤一辈就没能看到了，更不用说我的孙辈了。固然发展经济对一个家庭、城市和国家都是首要之举，否则巧妇难为无米之炊，但是我们为什么不能在捕鱼时用稀疏些的渔网，留一些不可替代和无法再生的自然资源给我们的下一代呢？我们老祖宗的智慧和箴言被我们自己抛弃了。

伦敦阴、冷、湿、暗的冬季长达半年，因此每年短暂的夏季就是他们街头文化的天堂。BBC 每年都在夏季组织音乐节，在室内或者公园举行不下几百场的表演，最后，海德公园的露天音乐会将当年的音乐节划上句号。每年 4 月份起，游客们就可以在网上订票，因为其平民化的票价，销售异常火爆，我和小汤只买到最后一场的露天音乐会票。

海德公园无缝插针的盛况

当我们走出海德公园地铁站时，发现好多英国家庭提着大包小包的食物，甚至肩扛手提简易折叠座椅，他们与我们一样是去赶露天音乐会的，可这架势搞得我们一头雾水。等轻装上阵的我们随人流进入公园后才恍然大悟，原来英国人将野营和露天音乐会并在一起享受了。一般是一大家子或一群朋友相聚一堂，搭起小桌、小凳，开启红酒、香槟、啤酒，还有一大堆的美食相伴，而音乐会，要在日落时分才拉开序幕。

小汤说，毫无准备的我俩真是可怜，没地方坐、没东西吃。我让小汤先在人山人海的公园内，想办法占领一小块草地，我负责去搞些必备物资回来。在外圈的摊位上，我买到两张简易摇椅，正好托住腰，还算舒服，还买了些三明治和饮料等。当我们一切搞定时，与四周土生土长的英国人相比，我们的游园行头简陋、贫乏，一看就是初次下水经验不足的“老外”。

通向艾杨格瑜伽馆的小径

行——伦敦的瑜伽文化

我练习了一段时间的瑜伽后，身心受益匪浅，也颇有心得，对追随高质量的瑜伽课有些痴迷。在伦敦，我就体验了从 20 世纪 50 年代起传入的两大原汁原味的瑜伽流派：艾杨格（IYENGAR）瑜伽和西瓦南达（SIVANANDA）瑜伽，这两种流派都是用创始人的名字命名的。半个世纪之久的伦敦瑜伽文化，让我遇到了高水平的瑜伽老师、见识了高质量的瑜伽课程。

艾杨格瑜伽讲究的是动作的精确性，只有精确的动作才能让我们全身各个部位的脊椎、肌肉、经络得到全面、合理、安全的拉伸和锻炼。尽管我们每个人的身体先天条件不一样，所能达到的动作精准度也不一样，但这并不意味着我们无法享受瑜伽了。艾杨格先生发明了许多辅助工具，如固定在墙上的绳子、各种形状的木质瑜伽砖、瑜伽椅、抱枕、毯子等。他的宗旨是，尽量让每个人都能享受瑜伽，体验瑜伽带来的身心愉悦。

伦敦的艾杨格中心设有基础课程、入门课程、初级课程、中级课程、60 岁以上课程和教师培训课程。从绿色夹道的小径走入庭院，隐在白墙后的就是中心的大门了。体验过后让我懂得，仅凭对瑜伽一知半解或依葫芦画瓢成不了大器，有经验的老师仔细讲解

庭院内白墙后就是艾杨格瑜伽馆

每个动作的要领和细节才是真经，要修成正果则需要悟性和练习。

西瓦南达瑜伽则强调瑜伽练习的全面性。从瑜伽哲学、体位练习、呼吸练习、冥想练习等，系统地传授瑜伽文化。这个流派不主张借助辅助工具来进行体位练习，他们倡导练习瑜伽的五个要素是：正确的体位、正确的呼吸、正确的放松、正确的饮食、正确的冥想。

西瓦南达瑜伽馆幽静的花园

我走过琳琅满目放满了各种瑜伽书籍的前台，再穿过幽静的花园，就来到了上下两层的西瓦南达瑜伽中心的教学区域了。中心设有初级课程、中级课程、高级课程、教师培训课程和种类繁多的冥想课程。每堂课分三个阶段，15 分钟讲解一些瑜伽哲学，1 小时体位练习，最后是 15 分钟的呼吸练习，从而比较全面地向学员展示瑜伽的概念，但是由于不用辅助器材，入门阶段的学员在体位提高上会有些障碍。

尽管两种瑜伽教学风格迥然不同，但有一点相通：都认同练习瑜伽是在维持思绪平静的状态下让身体积极工作，强调通过控制呼吸来保持体位练习时的心跳平稳，避免大汗淋漓，过度消耗体力。因为尽管我们无法控制思想，但是健康的身体和正确的呼吸方法可以帮助我们集中思想，摒弃杂念，从而给予身体更多的舒适感和精神愉悦感。有规律的正确的瑜伽练习，使我的身心健康又年轻，让我心中时常充盈着喜悦，这也是我享受到的一点瑜伽真谛吧！

诺丁山嘉年华中翘首期盼的观众

严密保护的店家

行——诺丁山嘉年华

诺丁山嘉年华源自 1965 年，在伦敦西部的诺丁山举行，主要以移民至英国的加勒比海人表演为主，在上世纪 70 年代，曾因引发过骚乱一度被禁止举办，但后来又得到了恢复。这个欧洲最大规模的嘉年华活动，在每年的 8 月底举行，我有幸见证了 2009 年的诺丁山嘉年华。

那日，我早早来到诺丁山，一是为避开人流高峰，二是为占领头排头座，方便摄影。10 点左右，大街上还是静悄悄的，

严阵以待的警察

3 英里长嘉年华游行路线的两旁，商店都用木板严严实实地保护了起来；大量警察早早上岗，严阵以待；演员们乘坐的大巴经过长途跋涉后陆陆续续驶来，被指挥着换装准备演出……占领有利地形后，我与身边的观众一起翘首以待嘉年华的开始和高潮。

我们望得脖子都要拧酸了，站得腿都要发软了时，才隐约听到音乐声。原来每支游行队伍先要在主席台上卖力表演一番，然后才开始自娱自乐的游行表演，那些端坐在主席台上的评委会将评出年度最佳表演奖。表演队伍中大多数是皮肤黝黑有加勒比海血统的新英国人，他们娴熟和奔放的舞步感染着观众，源自他们血液中的纵情欢快和表现欲，勾引着观众跨过栏杆，加入他们的

疯狂的嘉年华

焦点

人潮涌动

热舞队伍。

我一边挤在兴奋异常的人群中用相机记录这些美妙时刻，一边幻想下一次在哪个狂欢节上，也忘我地狂欢一把，抛弃一切心灵和身体枷锁，只追随一时的快乐和那种轻得要随风飘起的忘乎所以……

两小时后，载歌载舞的游行队伍都走过去了，紧跟着的是一卡车一卡车的摇滚乐队，震耳欲聋的音乐让我有些头脑发胀，准备撤了。等我好不容易挤过人群挪到入口处，却发现骑警封锁了路口，人们不能进也不能出地僵持着。等了一会儿，突然开闸了，外面成千上万心急火燎的观众一拥而入，那架势吓得我沿着墙边站定，躲避着人流，担心踩踏事件的发生。这是第一次，我在伦敦看到这么密集的人群、这么急迫和混乱的场面。所幸，糟糕的事情并没有发生。

建议路线

第一天：伦敦城市经典一日游：议会大厦和大本钟、西敏寺、唐宁街 10 号、皇家卫兵换班仪式、圣詹姆斯公园、白金汉宫、绿公园、皮卡迪利街、唐人街、科文特花园、大英博物馆。

第二天：泰晤士两岸和格林尼治一日游：伦敦塔、塔桥、格林尼治、伦敦眼。

第三天：购物一日游：哈罗德百货店、邦德街、摄政街、牛津街。

第四天：白金汉宫一日游（只在夏季向公众短暂开放）。

BRIGHTON
MUSEUM &
ART GALLERY

ton 布莱顿

走过…

8月3日

从伦敦乘火车来到布莱顿（Brighton），在街巷间穿行

皇家行宫（Royal Pavilion）

布莱顿海滩和宫殿码头（Palace Pier）

乘火车返回伦敦（London）

城市

海边的宫殿码头

一位沉迷酒色的国王成就了布莱顿

布莱顿一直以来都是英国南部一个小渔村，直到乔治四世对布莱顿的青睐，才给了它华丽转身的机会。

乔治三世的大儿子，乔治王子，17 岁就沉迷酒色，然而他是合法的王位继承人，谁也奈何不了他。乔治王子非常喜欢布莱顿，1787 年，在等待继承王位的日子里，他委托亨利·霍兰为他在布莱顿建造一座新古典主义豪宅——马林宫，然后就与叔父坎伯兰公爵、情妇们、纨绔子弟们在布莱顿海边纵酒寻欢。1815 年，为赶当时人们痴迷于东方文化的时髦，他雇佣约翰·纳什负责马林宫的改建工程。八年后，皇家行宫完成了，宫殿内部用了大量奢华的中国元素来装饰。

乔治王子登基成为乔治四世以后，还对布莱顿的皇家行宫念念不忘，喜欢在那儿举行盛大的派对。1827 年，他最后一次到访布莱顿，小住了一段时间。在他的影响下，达官贵人都将布莱顿作为度假和狂欢的胜地，慢慢地，布莱顿演变为英国著名的海滨度假城市。

游历

布莱顿是一座著名的海滨度假城市

中西结合的马林宫

我们的酒店在维多利亚火车站附近，9 点时，我和小汤就已坐在去布莱顿的火车上了，准备赶在大批游客抵达前，欣赏一个真实的布莱顿。

10 点左右，布莱顿的大街小巷都静悄悄的，几乎看不到人影。与伦敦相比，布莱顿的建筑有一股清新的味道，没有古老建筑的历史沉重感，乔

安静的布莱顿

果色的建筑

传统英式 pub

酒桶桌

治风格的建筑外墙漆成各种果色，让人觉得轻松惬意。遍布在城市各个角落的酒吧各具特色，一会儿小汤钟情这间用酒桶当桌子、室内装饰现代的酒吧；一会儿我觉得在这栋老房子内传统的英式 pub 也特别吸引人，连大门都设计得那么富有神秘色彩……

神秘的酒吧大门

我们一边在街巷间穿行，体会原汁原味的布莱顿，一边朝南走向马林宫。穿过这座带一丝伊斯兰情调的门洞后，就可以望见整个皇家行宫了。当这座有众多大小不一的“洋葱头”穹顶的建筑群映入眼帘时，的确大大超出了我们的想象范围，漂亮的摩尔式建筑融合了许多印度元素，与大多数庄严、沉郁的英伦庄园相比的确是一抹亮色，引人瞩目。

整座行宫的内部构造也是大、高、亮，布局还是西式风格，如望不到头的长条餐厅、空阔的圆形宴会厅等。装饰风格则

东西结合，西式的窗幔、法式家具边摆放着明清家具和高大的中国式瓷器花瓶；天花板上多条飞龙翻腾，立柱底部装饰着妖娆的凤凰；我们在元宵节灯谜会上使用的那种彩灯高高地悬在大厅各处，此外还有不少莲花灯；维多利亚女王的卧室的墙纸是工笔的花鸟画；巨大的记录了当时中国风土人情的人物画也替代了英国贵族通常使用的油画。一处叫做长艺廊的展厅内，中国元素最为集中，竟然还有一处“竹制”的楼梯扶手，当我们用手搭在上面时，才发现是铁质的，那颜色和竹子的纹路、竹节几乎达到了以假乱真的程度。

异国情调的门洞

也许很多西方人来皇家行宫参观，都会有种恍惚置身中国的幻觉，可是依我们看来，那仍只是“西式的中国艺术”，就像中餐馆提供的中式料理一样，已经变了味，只有形而无神了。但是，这还是让我们为传统中国文化感到非常骄傲。马林宫的奢华与白金汉宫的不同，东西方文化在同一屋檐下登台争艳，给观者以强烈的感官刺激，也显得更加炫目。这样的皇宫也就仅此一家吧。最让我们遗憾的，还是不允许摄影、摄像。

中午时分，大量团队的游客涌入皇家行宫，我和小汤恰好参观完毕，离开后，向海边走去。几分钟后，当我们置身著名的布莱顿海滩时，失望之情油然而生。海水呈灰色，海滩也不是沙滩，而是石滩。海风太强劲，让人觉得有些冷，加上风景也无法吸引我们，匆匆地拍了几张照后，我们就离开了。

布莱顿的皇家行宫

在回火车站的途中，大街小巷里那些风格各异的酒吧都开始迎客了。阳光下，一杯啤酒、一位知己，是身心最放松的一刻了……

放松心情

建议路线

第一天：睡个懒觉后，从伦敦维多利亚火车站乘火车抵达布莱顿，参观马林宫、布莱顿博物馆和艺廊，漫步布莱顿海滩，然后乘火车返回伦敦。

DEBENHAMS

bridge 牛津和剑桥

走过…

8月11日

从伦敦到牛津（Oxford）

从牛津到比斯特村（Bicester Village）购物，

然后回到伦敦（London）

8月12日

从伦敦去剑桥（Cambridge）

再从剑桥回到伦敦（London）

城市

英法不合，导致诞生了英国最早的高等学府——牛津大学

地处查韦尔河和泰晤士河汇合处，地理位置优越的牛津，原本只是一座撒克逊人的重镇。12 世纪以前，英国没有一流的高等学府，一般学子都到法国求学。1167 年，英国和法国之间的关系突然恶化，在两国间爆发共和国战争之际，巴黎的索邦神学院驱赶了所有的英国学生，不得已，大批学生投奔到牛津的奥古斯都修道院，继续深造。从此以后，越来越多的学者在牛津汇聚，至 12 世纪末，牛津大学已初具规模。1201 年，有了第一任校长；1213 年，该校拿到了罗马教皇颁发的特许状。此后，不仅受到国王的庇护，也被罗马教会所认可。

现在的牛津大学共有 38 个学院，大多在 13 世纪和 16 世纪之间创立，其中，建于 1264 年的莫顿学院是牛津最古老的学院，这些学院里的讲师直到 1877 年才被允许结婚。女子无德便是才，直至 1878 年，牛津才通过招收女生的决议，此后又过了 42 年，女性学生在苦读四年后，被授予学位。发展到今日，圣希尔达是唯一的一所纯女性学院，只招收优秀的女生。

发生在牛津的圣学者日惨案

中世纪，在牛津的这群莘莘学子思想非常活跃，同时生活上也可谓放荡不羁，还常常赊欠债务，与当地居

一座大学城

民关系紧张，时常从相互对骂演变为手脚并用的斗殴。1355 年 2 月 10 日，圣学者日（St Scholastica's Day），两个醉酒的学生与小酒馆的老板动起了拳脚，打斗中双方又冲到了街上，引发成数以百计的学生和居民加入的集体群殴。往日的恩恩怨怨瞬间爆发，越来越多的人卷入这场恶斗，到傍晚时分，学生方占上风，打斗也暂时平息，却埋下了更大的暴力的种子。第二天早晨，怒不可遏的居民在当地村民的帮助下，扛着铁锹、长矛和锄头回来了，到傍晚时，63 名学生和 30 名市民被打死。最后，国王爱德华三世出兵镇压了这场暴乱，并最终决定将该市划归大学辖制，判定牛津市民在以后的 500 年里，每年赔偿牛津大学 1 便士。从此，每

到暴乱纪念日，牛津市长和有选举权的公民就被要求参加一个仪式，把赔偿给死难学生的 1 便士交到牛津校长的手里，这种惯例一直延续到 1825 年的那任牛津市长不堪受辱断然拒绝支付罚金为止。牛津大学为了与牛津市民修好，就伸出橄榄枝，将市长聘为名誉教授，长达几世纪的风波就化干戈为玉帛了。

牛津大学学生和牛津市民的矛盾成就了剑桥大学

剑桥最初是一座罗马城堡，后来成为撒克逊风格的小型居民区，在 1209 年以前，它一直都是幽静的乡村。1209 年，随着牛津学生和

幽静的乡村气息

当地居民矛盾的加深，部分师生被迫迁出，他们最终选择了剑桥成立了新的大学。可为什么迁到剑桥呢？为什么不是在伦敦呢？或是在一座林肯这样的主教堂城市呢？

尽管在剑桥创建大学的前景不明，剑桥师生面对怀疑的市民，最晚在 1225 年就选出了校长，并获得了亨利三世的批准，1233 年，格雷戈九世教皇也核准剑桥大学的地位。新的大学在剑桥得到了国王和教皇分别从法律上和宗教上的支持，逐步在剑桥站稳脚跟。发展到今天，剑桥大学共有 31 个学院。

剑桥的第一所学院是建于 1284 年的彼得学院，最初的设计是让教员和学生生活在同一社区内，过修道院般的生活。从 14 世纪起，王室、贵族、教会、政治家、学界人士等建立了许多学院，但也都只是面向男性。直到 1869 年和 1871 年，剑桥分别开设了只招收女性的露西 · 卡文迪什学院、新大厅学院和纽纳姆学院。在这三所学院里，女性终于获得了接受高等教育的权利，但是到 1948 年，她们才能正式被授予毕业证书。800 年后，剑桥大学迎来了首位女校长，艾莉森 · 理查德是第 334 任校长，标志着女性在学术界的地位和被社会认可度的逐渐提高。

漫步牛津街头

游历

一个新词：Oxbridge

牛津和剑桥几乎就是两个大学城的代名词，它们都是世界上一流的大学，在每年的全世界大学排行榜上名列前茅。而随着我们对这两座大学关注程度的提高，就注意到了 Oxbridge 这个词——这个单词将 Oxford（牛津大学）和 Cambridge（剑桥大学）结合成一个新词，同时代表了牛津大学和剑桥大学，简洁明快。当人们问起一些英国高中生，将来想考什么大学，有的就会认真地回答道，他或她的理想是进入 Oxbridge，这意味着他们想报考牛津或剑桥大学。的确，哪个莘莘学子不期盼着进入 Oxbridge 深造几年呢？

某学院的“四合院”

建筑在牛津大学引发的创造力

今天，我们终于来到了向往已久的牛津。牛津大学不同于其他大学，大学与整个城市融为一体，街道就从学院中穿过，各大学院不仅没有校门和围墙，有的连正式铭牌也没有。英国有一句谚语：穿过牛津城，宛如进入历史。因为这所最古老的大学城拥有中世纪时期不同年代、不同流派的建筑瑰宝，这些杰出的建筑物上折射出的辉煌的建筑成就之光芒，引人一遍遍重温往日的历史。

走在牛津街头，最常见的就是“四合院”，其实它们都是大学城内的某个学院。多年来这些庭院鲜有改变，长廊、草坪、塔楼、雕花门洞，每个学院留存下来的建筑遗迹风格迥异，都述说着往日的辉煌历史。英国大作家托尔金毕业于牛津大学，后来又在小巧、雅致的默顿学院任教并潜心研究古撒克逊文字。古建筑的巨大魅力让他在上世纪 50 年代完成了奇幻小说的经典之作《指环王》，21 世纪初，随着电影的拍摄，更多的人爱上了这部充满瑰丽想象的巨著。作为牛津大学最富有和最优美的莫德林学院，拥有 42 米高的钟塔和中世纪礼拜堂，建筑群上的怪

基督教会学院

兽雕像令人叹为观止，据说英国另一位名作家刘易斯从中得到灵感，创作了《纳尼亚传奇》——又一部深受广大读者欢迎并被拍摄成电影的奇幻小说。

基督教会学院

基督教会学院是牛津大学所有学院中最大和壮观的学院，因为红衣大主教托马斯·沃尔西查封了 22 座修道院，倾其资金创办了它。这个学院为英国培养了 13 位首相和无数各行各业的杰出人物，如阿尔伯特·爱因斯坦、哲学家约翰·洛克等。

远眺基督教堂

学院的正门上方是汤姆塔，由该学院的校友克里斯托弗·雷恩爵士设计，他是英国历史上著名的建筑设计师。塔楼里悬挂着7吨重的塔钟，在每天晚上9点时敲响101下，提醒当时的所有学生，共101位，集合时间到了。游客必须买票后，从街道另一头的小门进入学院参观。沿着设定的参观路线先参观15世纪古修道院遗址，一条长长的回廊；再前往学院中最大的一个方厅：汤姆方厅。之后在南边进入学院餐厅参观，这是一座可以同时容纳500名学生就餐的古老餐厅，拥有长条桌、无数吊灯，充满神秘的气氛，被《哈利·波特》剧组选中成为魔法学校的大食堂，从此来参观的游客更多了。然后可以参观基督教堂，它是英格兰最小的大教堂，结实的诺曼底柱子支撑起高高的优雅拱顶和描绘圣经故事的彩色玻璃窗。结束参观后，游客从草场大楼离开基督教会学院，路对面就是一大片望不到尽头的草场，

草场大楼

零零落落地搁置着好些卷成筒状的干草皮，忽然给我们在乡间漫步的感受……

牛津吸引游客的还有一处建于 1914 年、模仿威尼斯著名叹息桥的牛津新学院叹息桥，以及不远处用于举行毕业典礼等庆典活动的大礼堂。时间充裕的话还可以去英格兰最古老的博物馆阿什莫尔博物馆，它的建筑本身是新希腊风格在英国的典范，博物馆里丰富的展品来自埃及、中国和欧洲各地，包括米开朗基罗的作品等。

学生从这里毕业

叹息桥

8.12 数学桥的故事

当我们辗转来到剑桥时已是下午时分，还下起了蒙蒙小雨。在剑河边我们首先看到了皇后学院后门的数学桥，由木条搭起的桥上可以清晰地见到螺丝固定的痕迹。

一个版本的故事是这样描述的：当年牛顿搭建这座桥时，通过精确的计算，合理利用力学原理，没

数学桥

有使用一根钉子；若干年后，一位好奇的剑桥学生将桥拆了，研究后再也无法恢复原状，只能用螺丝将木条固定起来。第二个版本的故事，认为这座桥在牛顿去世 22 年后才造起来，最早使用了铁钉，不易被肉眼察觉，某同学将它拆掉重建后才用了螺丝。无论哪个版本，都让我们忆起中国的土木工匠祖师——鲁班，他发明了尺、墨斗等工具，还留下了不

用铁钉、螺丝固定结构，只用榫头的建筑工艺。现在的天之骄子们如果想造一座不用螺丝的木桥，是不是要向我们的鲁班偷师呢？

国王学院和礼拜堂

然后，我们打着伞走进了剑桥最大的国王学院，庭院内的草坪修剪整齐，四周是灰色石材建筑，这些古老的建筑几百年里迎来送走了无数精英。剑桥不仅盛产著名的科学家、作家和政治家，也是诞生最多诺贝尔奖得主的高等学府之一，剑桥毕业生中有 70 多位获此殊荣。

许多国王学院的师生抱怨，对公众开放校

国王学院

国王学院内庭建筑群

园使得环境颇为喧闹。那天的细雨中，我们发现了一个安详宁静、拥有穿越时空之美的国王学院。被雨水浸润得越发翠绿的草坪和老建筑，能让心浮气躁的人平静下来，回廊下一片清爽、宁静，真是研究学问的好地方……

国王学院的礼拜堂几乎全年对外开放，是英格兰哥

宁静的国王学院

特风格建筑中精美的典范之一。亨利六世在 1446 年为教堂奠下基石，整座教堂约于 1516 年完工，表达了亨利六世对圣母马利亚的虔诚。唱诗班是这儿宗教活动的主角，最初那些男孩都选自亨利六世建立的伊顿公学，他们每年在平安夜表演的九大训诫和颂歌仪式节在世界各地播放。

持桌腿的亨利八世雕像

在世界上最大的扇形拱顶下，笼罩着令人叹为观止的12个侧厅，约11米宽、22米高、80米长，里面分布着始建于1686年，随后不断扩大的管风琴，雕刻精细的木质屏风将教堂门厅和唱诗席隔开。华丽的彩绘玻璃窗即使在连绵的战火中也损失不大，因为有的克伦威尔士兵的领袖曾是剑桥的学生。保存良好的礼拜堂是国王学院最值得骄傲的地方。

三一学院的苹果树

三一学院是亨利八世在1546年创建的，学院建成六个星期后他就去世了。在庄严的学院入口处上方，会看到亨利八世的雕像，他左手托了一只大金球，右手攥着个桌腿。为什么攥着桌腿呢？原来不知道何时哪个调皮的学生用桌腿取代了国王手中的权杖。三一学院名声最显赫的学生是牛顿，据说庭院里的那棵苹果树就是牛顿亲手种植的苹果树的后代。现在的苹果还能砸出一位伟大的科学家吗？

剑桥的内部中心区域禁止机动车行驶，天之骄子们都是骑着自行车穿梭在各个院校听讲座。游客一般不是步行，就是租一辆自行车在剑桥街头过一把瘾。而参观完学院后，最经典的保留节目是在剑河内乘坐游船。可以选择租一条平底船自己划，也可以乘坐一条由帅气的剑桥男生们撑的小船，欣赏后花园的恬静和各大学院的美景，穿过数学桥和叹息桥。叹息桥在圣约翰学院内，据说学院的学生在会考季节都须过此桥去内院的楼内参加考试，许多学生边走边叹息：因为太贪玩，还未全部准备好就要开考了。

在牛津和剑桥的短短几个小时让我们见识了最古老的一流学府，中世纪灿烂的建筑、庭院文化也在脑海中留下深刻印象，但挥之不去的还是那些骑着自行车在大街小巷穿行的天之骄子们的矫健身影。羡慕他们的幸运，也羡慕他们的才干，更希望走出学院的他们用自己的努力获得更多命运的垂青。

冒雨游剑河

第六感

购——在比斯特村血拼

比斯特村是品牌折扣一条街，在牛津至伦敦途中，一般游客都会安排参观牛津和血拼一日游，我们也不例外。

在比斯特可以找到一线品牌：Dior、Gucci、Prada、Armani、D&G、Salvatove Ferragamo等，也可以发现英国本土名牌，如Mulberry、Church′s、Gieves&Hawkes等。他们提供的物品大多都是上一季的，甚至有时都可以找到当季的物品。

在比斯特购物，除了能买到半价的新货外，另一份快乐是欧盟以外的人员还可以享受退税的政策，真是折上加折啊，就怕行李超重。

建议路线

第一天：从伦敦乘火车直抵牛津，参观牛津的大学和牛津城。然后，乘火车到比斯特去比斯特村购物。血拼完后再乘火车回伦敦。

第二天：从伦敦乘火车抵达剑桥，参观各大院校后，在剑河边用午餐，下午租条小船在剑河内漂游，尽兴后乘火车回到伦敦。

Windsor

Eton 温莎和伊顿

走过...

8月13日

从伦敦出发抵达温莎和伊顿镇（Windsor & Eton）

温莎堡（Windsor Castle）

从希思罗机场离开伦敦，飞回上海（Shanghai）

城市

温莎堡的一角

温莎和伊顿位于伦敦以西20英里的泰晤士河畔，温莎在河的南岸，走过温莎步行桥就来到了伊顿。两个小镇都有吸引游客的热点，在温莎是女王的温莎堡，在伊顿则是伊顿公学。

历经700多年的不断修建温莎堡初具规模

温莎堡占地7公顷，是世界上最大的皇家城堡，与伦敦的白金汉宫、爱丁堡的荷里路德宫一样，是英国王室的行政官邸。温莎堡全部由浅灰色石头筑成，共有近千个房间，古堡后面是面积约40平方公里的温莎公园。

温莎堡最初由威廉一世在其统治期间（1066—1087年）所建造，但由于是木结构的防御工程，几乎没有保存下来。现在的温莎堡中，保存下来的最早的建筑可以追溯到亨利二世（1154年登基）时期，他用石墙取代了木栅栏，并建造了第一座石材碉堡。爱德华三世1312年在温莎堡出生，从1350年开始，他主持了一个持续 24 年的重建计划，开始将温莎堡从军事要塞转变成舒适的居所。以后，温莎堡经历过英国的内战和复辟，渐渐被忽略了。直到 1804 年，因为乔治三世有 13 个子女，需要一处地方大的住所，温莎堡才再度被王室利用起来。

之后，修建了布莱顿皇家行宫的乔治四世，也让温莎堡经历了历史上最大的转变，他说服英国国会，于 1824 年起，用了 12 年时间，花费了 30 万英镑，对城堡进行了重建工程。建筑师杰弗里 · 亚特维尔在上区的建筑物中加入了对称的风格，加高了圆塔的高度，以哥特式风格来修饰城堡上区的墙垛。大约 33 米高的塔顶，让温莎堡在几公里外就展现出引人注目的轮廓。

温莎堡迷人的轮廓

名人辈出的伊顿公学

与温莎堡隔岸相望的伊顿公学，由亨利六世于 1440 年创办，不仅是全世界最显赫的贵族男校，更被誉为“世界级精英人才的摇篮”。学校毕业生中有 20 位英国首相、36 位维多利亚十字勋章的获得者，培养出诗人雪莱、经济学家凯恩斯等世界名人。查尔斯王子、威廉王子和哈里王子，都在伊顿度过了他们的青葱岁月。

进入伊顿时，学生还只是 13 岁的男孩，

离开伊顿时，却已是 18 岁的谦谦君子，他们在伊顿完成生理、心理、知识、思想的全面成长的过程。除了教学严格及高素质学生外，伊顿还以古老传统和特别的校服而闻名，伊顿的校服便是颇为“古老”的黑色燕尾服、白色衬衫、圆领扣、褐色马甲、长裤和皮鞋。不过，进入 2000 年以后，那顶传统黑色高帽可以不戴了，在课余时间学生可以穿着牛仔裤、T 恤之类的便装了。

游历

8.12

因为温莎和伊顿离希思罗机场只有 15 分钟的车程，我们就将此行安排为离开英国前的最后一站。

10 点不到，温莎堡的售票处就已排起了长长的队伍，他们还提供中文版的语音导播器。那日，最高的圆塔上飘扬着英国国旗，说明当日女王没住在城堡内；反之会是一面王室旗子。女王在 1952 年登基后，决定将温莎堡作为主要休养所，因为她的童年是在那里度过的。

今日女王不在温莎堡

皇家卫兵和军乐队各就各位

城堡内的国家套房是一组社交活动室及博物馆式的展厅，众多的房间内展示着精美的绘画作品、建筑工艺及所反映的历史事件。著名的圣乔治厅 55.5 米长、9 米宽，可以放一张供 160 位客人就坐的长桌。虽然 1992 年从私人

礼拜堂蔓延过来的大火使圣乔治厅毁坏严重，但我们参观时丝毫没有察觉出修整的痕迹。那场火灾持续了 15 小时，温莎堡 15% 的面积被烧毁，之后，能工巧匠们花费了 5 年时间才完成重建工作。

皇家卫兵换岗式

城堡内可供参观的还有建于 1923 年的玛丽王后玩偶博物馆，这里不时会举办些特别的展览，如王后孩童时代的玩具展等。圣乔治礼拜堂是皇家墓地所在地，不远处还有精美的艾伯特纪念礼拜堂。

在伦敦可以目睹皇家骑兵的换岗仪式，在温莎堡则可以欣赏到皇家步兵的换岗式。广场上卫兵头戴黑色高帽已经列队等待着，军乐队也已就位，11 点后整个仪式开始，规模比伦敦的大，程序也比伦敦繁琐，卫兵们在广场上随着不同的号令变换着队形，大踏步地高调操练着，15 分钟了都还未结束。这时，我和小汤不得不从人群中退了出来，为赶飞往上海的航班连参观伊顿公学也割舍了，又多了一条日后重访的理由了。

是时候回家与老汤团圆了……

皇家卫兵近照

建议路线

第一天：从伦敦赶到温莎堡，争取成为开馆后的头拨客人。看完皇家卫兵换岗式后，走过温莎步行桥去伊顿公学参观；然后在泰晤士河边选一家望得到温莎堡的餐厅用午餐；最后从容返回伦敦，或去希思罗机场，准备回家。

后记

踏上修心之路

多年前，因为美国自由行咨询信息的贫乏，让我和小汤在美国旅行时常感不便，走了不少弯路，于是用文字的形式还原在美一个月的经历，为后来者提供方便的想法在心中萌动。最后，让我下定决心将异想天开变成一本12万多字的书的，是一位病中的朋友。

当时，与手术后尚在康复阶段的一位朋友随意聊起我们在美期间的趣事，久违的轻松笑容在她脸上浮现，兴奋时能看到她眼中闪过一抹抹亮彩。怕她太累，我准备告辞，她说，她就是完全康复了也不太可能像我这样带着儿子四处“云游”，建议我用文字记录下我们的故事，与大家一起分享。

2009年，生涩的处女作在编辑刘琼和美编范晓倩的帮助下终于问世了。许多读者的反馈是：这本书信息详尽、照片精美、母子情深。时过两载，一些初识的新朋友发现并感叹道：我买过你的《30天纵横美利坚》！你们母子俩携手同游的经历和那些蕴含丰富情感的照片都让我们念念不忘。

这一场经历，让我充分体会了分享和欣赏所带来的快乐。

着手准备《30天穿越不列颠》时，我多了一份从容和淡定，不急不躁地回忆、描述途中的每个细节。我慢慢地发现，这个过程不仅让我重温旅行带来的超越日常生活的轻松和愉快，还能再次细细回味母子间那份浓浓的相依、相知和相亲。

我喜欢上用写作宣泄情感的那份自由度和那种奔放感，同时我也在或主动、或被动地回顾四十多年来的人生历程。反思过去，就像审视镜子中的另一个自己，有时觉得那个我"上得厅堂，下得厨房"似乎接近了某种意义上的完美，有时又觉得那个我太单纯而不解人情世故。就这样，我不断积极地调节和修正自我，逐渐学会将开心小事化大，将伤心大事化小。健康的我努力快乐着，也让身边的人快乐着。

感谢写作，不经意间引导我踏上了另一种旅行：修心之路的旅行。

王瑾

2011年6月定稿于伦敦